VLADÍMIR ILITCH LÊNIN

DUAS TÁTICAS DA SOCIAL-DEMOCRACIA NA REVOLUÇÃO DEMOCRÁTICA

TRADUÇÃO: EDIÇÕES AVANTE!
REVISÃO DA TRADUÇÃO: PAULA VAZ DE ALMEIDA

© Boitempo, 2022
© Edições "Avante!", Lisboa, 1984, para a tradução em língua portuguesa

Direção-geral	Ivana Jinkings
Conselho editorial	Antonio Carlos Mazzeo, Antonio Rago, Augusto Buonicore, Ivana Jinkings, Marcos Del Roio, Marly Vianna, Milton Pinheiro, Slavoj Žižek
Edição	João Cândido Maia
Coordenação de produção	Livia Campos
Assistência editorial	Pedro Davoglio
Tradução	Edições Avante! (texto de Lênin), Sandor Rezende (texto de Umberto Cerroni)
Revisão da tradução	Paula Vaz de Almeida (texto de Lênin)
Preparação	Joice Nunes
Revisão	Thaís Nicoleti de Camargo
Capa e aberturas	Maikon Nery
Diagramação	Antonio Kehl

Equipe de apoio Camila Nakazone, Elaine Ramos, Erica Imolene, Frank de Oliveira, Frederico Indiani, Higor Alves, Isabella Meucci, Ivam Oliveira, Kim Doria, Lígia Colares, Luciana Capelli, Marcos Duarte, Marina Valeriano, Marissol Robles, Maurício Barbosa, Pedro Davoglio, Raí Alves, Thais Rimkus, Tulio Candiotto, Uva Costriuba

---

CIP-BRASIL. CATALOGAÇÃO NA PUBLICAÇÃO
SINDICATO NACIONAL DOS EDITORES DE LIVROS, RJ

L585d

    Lênin, Vladímir Ilitch, 1870-1924.
    Duas táticas da social-democracia na revolução democrática / Vladímir Ilitch Lênin ; tradução Edições Avante! ; revisão da tradução ; Paula Vaz de Almeida. - 1. ed. - São Paulo : Boitempo, 2022.

    Tradução de: Две тактики социал-демократии в демократ
    Inclui bibliografia e índice
    prefácio e posfácio
    ISBN 978-65-5717-160-8

    1. Rússia - História - Revolução, 1905. 2. Proletariado. 3. Socialismo. I. Edições Avante! (Firma). II. Almeida, Paula Vaz de. III. Título.

22-77833	CDD: 335.5
	CDU: 321.7:330.84

Gabriela Faray Ferreira Lopes - Bibliotecária - CRB-7/6643

É vedada a reprodução de qualquer parte deste livro sem a expressa autorização da editora.

Esta edição contou com o apoio da Fundação Maurício Grabois.

1ª edição: junho de 2022

BOITEMPO
Jinkings Editores Associados Ltda.
Rua Pereira Leite, 373
05442-000 São Paulo SP
Tel.: (11) 3875-7250 / 3875-7285
editor@boitempoeditorial.com.br
boitempoeditorial.com.br | blogdaboitempo.com.br
facebook.com/boitempo | twitter.com/editoraboitempo
youtube.com/tvboitempo | instagram.com/boitempo

SUMÁRIO

NOTA DA EDIÇÃO, 7

PREFÁCIO À EDIÇÃO BRASILEIRA – *Gianni Fresu*, 9
    1905: As múltiplas formas da revolução, 12
    As *Duas táticas da social-democracia na revolução democrática*, 15
    A participação do proletariado na revolução burguesa, 19

PREFÁCIO, 27

1. UMA QUESTÃO POLÍTICA VITAL, 33

2. O QUE NOS OFERECE A RESOLUÇÃO DO III CONGRESSO DO POSDR SOBRE O GOVERNO PROVISÓRIO REVOLUCIONÁRIO?, 37

3. O QUE É "A VITÓRIA DECISIVA DA REVOLUÇÃO SOBRE O TSARISMO"?, 45

4. A LIQUIDAÇÃO DA ESTRUTURA MONÁRQUICA E A REPÚBLICA, 53

5. COMO SE DEVE "IMPULSIONAR A REVOLUÇÃO PARA A FRENTE"?, 59

6. DE ONDE VEM O PERIGO QUE ENFRENTA O PROLETARIADO POR ESTAR DE MÃOS ATADAS NA LUTA CONTRA A BURGUESIA INCONSEQUENTE?, 63

7. A TÁTICA DE "AFASTAMENTO DE CONSERVADORES DO GOVERNO", 77

8. O OSVOBOJDIENISMO E O NOVO-ISKRISMO, 83

9. O QUE SIGNIFICA SER UM PARTIDO DE OPOSIÇÃO EXTREMA DURANTE A REVOLUÇÃO?, 93

10. "COMUNAS REVOLUCIONÁRIAS" E DITADURA REVOLUCIONÁRIA DEMOCRÁTICA DO PROLETARIADO E DO CAMPESINATO, 97
    Nota, 106

11. BREVE COMPARAÇÃO ENTRE ALGUMAS RESOLUÇÕES DO III CONGRESSO DO POSDR E DA CONFERÊNCIA, 109

12. A REVOLUÇÃO DEMOCRÁTICA ENFRAQUECERÁ SE A BURGUESIA RECUAR?, 115

13. CONCLUSÃO. OUSAREMOS VENCER?, 125

POSFÁCIO, 137

Mais uma vez o osvobojdienismo, mais uma vez o novo-iskrismo, 137
I. Por que os realistas liberais-burgueses elogiam os "realistas" sociais-democratas?, 137
II. Novo "aprofundamento" da questão pelo camarada Martínov, 144
III. A exposição burguesa vulgar da ditadura e o ponto de vista de Marx sobre ela, 153

APÊNDICE, 163

ÍNDICE REMISSIVO, 175

CRONOLOGIA, 185

NOTA DA EDIÇÃO

Sexto volume da Coleção Arsenal Lênin, *Duas táticas da social-democracia na revolução democrática* foi escrito em junho de 1905 e publicado em julho do mesmo ano, após o fim do III Congresso do Partido Operário Social-Democrata Russo (POSDR) e da conferência dos mencheviques, realizada em Genebra simultaneamente ao congresso[1]. Porque difundiria ações criminosas contra o governo tsarista, o livro circulou clandestinamente em uma série de cidades da Rússia e em círculos operários, então na ilegalidade. Apesar das tentativas de censura e mesmo de eliminação do texto, esta obra de Lênin sempre continuou sendo lida.

Duas táticas da social-democracia na revolução democrática foi incluído por Lênin no primeiro tomo da coletânea dos seus artigos, intitulada *Em doze anos*, que apareceu em 1907 em São Petersburgo. O autor, então, completou o livro com novas notas de rodapé. No prefácio à coletânea, falou do significado do texto de 1905: "Aqui, expõem-se, já de modo sistemático, as fundamentais divergências táticas com os mencheviques; as resoluções do III Congresso do POSDR, que teve lugar na primavera, em Londres (congresso dos bolcheviques), e da conferência dos mencheviques em Genebra, formalizaram de modo completo essas divergências e levaram-nos tanto à discrepância radical quanto à apreciação de toda a nossa revolução burguesa do ponto de vista das tarefas do proletariado".

A edição brasileira foi feita com base na tradução das Edições Avante! presente no primeiro tomo das *Obras escolhidas de Vladímir Ilitch Lênin* (Lisboa, 1977, p. 381-472), que, por sua vez, teve como base a versão compi-

---

[1] Ver nota 3 do "Prefácio" e a nota imediatamente seguinte, de Lênin.

lada no décimo primeiro tomo da quinta edição soviética das *Obras completas* (Moscou, Издательство Политической Литературы/Izdátelstvo Politítcheskoi Literatúry, 1963, p. 1-131).

Esta edição mantém as marcações de ênfase e destaque de Lênin, assim como suas notas originais, assinaladas com asterisco, incluindo as da edição de 1907; as demais aparecem numeradas e identificadas. Preservamos ainda o padrão das referências bibliográficas originais citadas pelo autor no corpo do texto. Quando era o caso, aproveitamos citações de textos já traduzidos para o português, fazendo pequenas modificações aqui e ali, a fim de manter a fluência e melhor incorporá-las ao livro. Entre colchetes, o leitor encontrará as inserções manuscritas do próprio Lênin, que foram acrescidas ao texto apenas a partir da quarta edição de suas *Obras completas* em russo. Adotamos as notas das edições soviética e portuguesa quando julgamos que auxiliariam o leitor brasileiro, sem nos furtar de eventualmente adaptá-las a nosso público. Algumas dessas notas serviram de base para o índice remissivo, ao final deste volume.

Código de notas para os textos de Lênin
* – Nota do autor
N. E. – Nota da edição brasileira
N. E. P. – Nota da edição portuguesa, de 1977
N. E. P. A. – Nota da edição portuguesa, de 1977, com adaptações
N. E. R. – Nota da edição soviética de 1963, publicada em russo no tomo 11
N. E. R. A. – Nota da edição soviética de 1963, com adaptações
N. R. T. – Nota da revisão de tradução

PREFÁCIO À EDIÇÃO BRASILEIRA

Gianni Fresu*

Nas lições do seu último curso universitário, dedicado aos temas da mudança política e da revolução na história do pensamento filosófico (publicadas em 2021 num rico volume inédito), Norberto Bobbio afirmou que, depois de Marx, no século XX, a teoria da revolução não teria feito progresso algum, "permanecendo marxiana ou marxista"[1]. Com essa reflexão, o filósofo liberal pretendia afirmar que os grandes teóricos da Segunda e da Terceira Internacional, Lênin em especial, estavam mais preocupados com "estratégia" do que com "teoria da revolução", "já não teoria, mas práxis"[2].

> Uma vez estabelecido o problema teórico da revolução – ou seja, quais são suas condições, quem é o sujeito revolucionário etc. –, já não se trata apenas de teorizá-la, mas de fazê-la. Na realidade, Marx a tinha teorizado, mas nunca a fez; nunca a fez porque pensava que o momento não era propício. Trata-se então de fazê-la conforme as indicações teóricas de Marx.[3]

Nesse sentido, Bobbio define o leninismo "não tanto como uma teoria de revolução, mas como uma práxis, uma estratégia"[4], porque os grandes temas tratados pelo revolucionário russo, "um grande admirador de Carl von Clausewitz", seriam os da organização do exército, ou seja, do partido, e a escolha do momento certo para iniciar a revolução. A avaliação que Gramsci faz da contribuição de Lênin é radicalmente diferente, em primeiro lugar

---

* Gianni Fresu é professor de filosofia política na Universidade Federal de Uberlândia (UFU), doutor em pesquisa filosófica pela Università degli studi "Carlo Bo" de Urbino e presidente da International Gramsci Society Brasil.

[1] Norberto Bobbio, *Mutamento e rivoluzione: lezioni di filosofia politica*, (Roma, Donzelli, 2021), p. 440.

[2] Ibidem.

[3] Ibidem.

[4] Ibidem.

10 DUAS TÁTICAS DA SOCIAL-DEMOCRACIA NA REVOLUÇÃO DEMOCRÁTICA

porque ao conceber o marxismo como a filosofia da práxis, o autor italiano interpreta a relação dialética entre os momentos teóricos e práticos em termos unitários e orgânicos, identificando Lênin como a figura que, como teórico e protagonista de uma "hegemonia realizada", mais teria favorecido o progresso do marxismo em termos de filosofia[5].

O primeiro pressuposto conceitual da revolução em Lênin é que cada país poderia chegar ao socialismo à sua própria maneira, de acordo com as suas peculiaridades econômicas, históricas e culturais. Coerente com essa perspectiva, Lênin apresenta a conclusão de que o percurso ao socialismo em seu país deveria ser extremamente diferente daquele percorrido pelos países ocidentais. Em razão dessa diversidade, ao longo dos anos Lênin desenvolveu uma concepção da relação do partido com as massas camponesas que não é possível encontrar nos outros membros do Partido Operário Social-Democrata Russo (POSDR) e que, no curso de 1917, deixou estupefatos muitos bolcheviques, apegados substancialmente ao velho programa. Na concepção social-democrata, de fato, às massas camponesas era atribuído um papel revolucionário somente na fase democrático-burguesa da revolução e, nesse caso, não havia um plano de ação definido e efetivo por parte do partido operário. Contrariamente a esse entendimento, Lênin opera uma primeira mudança entre 1901 e 1908, propondo inserir no programa do partido revolucionário do proletariado as reivindicações da massa camponesa, com a convicção de que somente as colocando sob sua direção o proletariado russo teria alguma possibilidade de sucesso[6]. Essa intuição sobre a questão camponesa e a política de alianças, que será decisiva em 1917, bem como para o recebimento do marxismo nos países rurais do extremo oriente asiático, não se encontra em nenhuma outra elaboração marxista de seu tempo. Segundo Domenico Losurdo, entre os seus muitos significados, a Revolução

---

[5] Antonio Gramsci, *Quaderni del carcere*, (Torino, Einaudi, Torino, 1975), p. 1.249-50. [ed. bras.: *Cadernos do cárcere*, trad. Carlos Nelson Coutinho, Rio de Janeiro, Civilização Brasileira, 1999-2002, v.6]

[6] Essa batalha de Lênin ganha uma síntese significativa no texto *La questione agraria e i critici di Marx*, (Roma, Editori Riuniti, 1976). Os primeiros nove capítulos foram escritos e publicados clandestinamente em 1901, tendo sido republicados em 1905 e 1907. Os últimos, redigidos em 1907, foram integrados aos primeiros numa publicação conjunta em 1908.

PREFÁCIO À EDIÇÃO BRASILEIRA 11

Russa representou um ponto de virada na história mundial, principalmente pelo seu conteúdo e ensejo anticolonial. E é aqui, exatamente nesta altura, que se destaca a distinção entre o marxismo "oriental" e o marxismo "ocidental" que sucedeu a Marx[7]. Não foi por acaso que a incompreensão, a subestimação ou o paternalismo em relação à questão colonial (e, no seu interior, à centralidade da questão agrária) produziu leituras contraditórias, o que explica grande parte da subalternidade ideológica, da incapacidade de ação e da marginalidade da esquerda nos países de capitalismo avançado.

Portanto, em Lênin, o tema da revolução é muito mais amplo do que parece e requer aprofundamentos sistemáticos (nem apologéticos, nem liquidatários) se quisermos explicar os elementos inéditos, as dinâmicas e também as contradições de um século denso de lutas e de participação popular de massa, como foi o século XX. Nessa perspectiva, a fim de contextualizar a gênese das teorias leninistas, Tamás Krausz postula a exigência de estudar cuidadosamente o período entre 1890 e 1917, durante o qual o revolucionário russo buscou constantemente responder a duas perguntas, a fim de apreender a lógica e as peculiaridades do processo de emancipação humana em seu país: 1) explicar a natureza e as combinações (internas e externas) que tornaram absolutamente original o processo de afirmação do capitalismo na Rússia; 2) compreender as raízes do capitalismo agrário, as novidades e as contradições da revolução em curso no regime fundiário. Precisamente, o crescimento impetuoso da indústria pesada nas duas principais cidades, sua extensão para as áreas circunvizinhas e as perspectivas de desenvolvimento induzidas pela exploração das imensas reservas de recursos minerais ainda não valorizadas incitaram, de fato a intelectualidade russa a refletir sobre o potencial dessa nova fase para a formação de um império multinacional compósito e caracterizado por imensas contradições histórico-sociais[8].

---

[7] Domenico Losudo, *Il marxismo occidentale: come nacque, come morì e come può rinascere* (Bari-Roma, Laterza, 2017), p. 182. [ed. bras.: *O marxismo ocidental: como nasceu, como morreu, como pode renascer*, trad. Ana Maria Chiarini e Diego Silveira, São Paulo, Boitempo, 2018, p. 201]

[8] Tamás Krausz, *Reconstruindo Lênin: uma biografia intelectual* (trad. Baltazar Pereira, São Paulo, Boitempo, 2017), p. 104.

1905: AS MÚLTIPLAS FORMAS DA REVOLUÇÃO

Em meio à crise econômico-financeira, à carestia e à desastrosa guerra com o Japão, o império do tsar encontra-se, entre 1904 e 1905, perto do desmoronamento. Toda a Rússia é percorrida por um profundo descontentamento e por lutas populares que atingem toda a sociedade. Em 4 de janeiro de 1905 (no Ocidente, 22 de dezembro de 1904), Lênin escreve no *Vperiod*:

> Na Rússia está-se desenvolvendo hoje uma nova fase do movimento pela Constituição. Nossa geração nunca viu nada que se possa comparar ao atual despertar político. Os jornais legais se insurgem contra a burocracia, exigem a participação de representantes do povo na administração do Estado, insistem sobre a necessidade de reformas liberais. Todas as assembleias de representantes [...] apresentam soluções que se declaram mais ou menos claramente a favor da Constituição.[9]

Esse fenômeno de radicalização atinge profundamente todo o corpo social russo, envolvendo não apenas as massas camponesas e o proletariado mas também as classes médias e os círculos liberais; "por toda parte se escutam denúncias políticas, insolitamente audazes para os homens públicos russos, e discursos apaixonados sobre a liberdade".

Em meio a tudo isso, a propensão revolucionária expressa-se de múltiplas formas, tanto no sentido da participação popular e de massas quanto nas formas já conhecidas de atentados terroristas individuais. Lênin defende contrapor a luta de classes e a revolução proletária aos métodos terroristas, definidos por ele como o "método de luta típico dos intelectuais" que não têm nenhuma confiança na vitalidade e na força das massas populares e, por isso, pretendem substituí-las por meio de atos individuais[10].

---

[9] Vladímir Ilitch Lênin, *Opere*, v. 8, (Roma, Editori Riuniti, 1961), p. 11.

[10] "Quanto mais completo for o sucesso de um ato terrorista, tanto mais se confirma a experiência fornecida por toda a história do movimento revolucionário russo, uma experiência que nos faz ficar alertas aos métodos de luta do terrorismo. O terrorismo foi até aqui um método de luta dos intelectuais. E, na medida em que valorizam a importância do terrorismo, como integração e substituição do movimento popular, os fatos demonstram de maneira incontestável que os atentados políticos individuais não têm nada em comum com os atos de violência das revoluções populares. Qualquer movimento de massas, na sociedade capitalista, só é viável como movimento operário classista. [...] Não é de admirar que tão frequentemente localizemos entre os representantes radicais da oposição burguesa pessoas

PREFÁCIO À EDIÇÃO BRASILEIRA 13

Os artigos escritos por Lênin nesse período são extremamente interessantes porque neles está delineada com clareza sua concepção dialética da revolução e também porque trazem, de maneira explícita e consciente, a questão da "hegemonia", que tanta importância teve na elaboração gramsciana[11].

No primeiro deles, "A autocracia e o proletariado", destaca-se de início que, quanto mais se aproxima a revolução e seu caráter burguês se esclarece, tanto mais o proletariado deve proteger a própria independência de classe sem, porém, furtar-se a ter um papel ativo e impulsionador[12]. No processo de edificação da revolução proletária, as massas devem evitar qualquer autoilusão e qualquer atitude puramente emotivo-instintiva. A tarefa do partido do proletariado é saber ler com frieza a realidade concreta como é – e não como se deseja que seja – para poder formular a justa modalidade de intervenção. A primeira dessas ilusões é crer que o movimento liberal e o movimento em curso não tenham caráter burguês somente porque isso equivaleria a diminuí-los e depreciá-los. Ao contrário dessa tese – muito difundida, segundo Lênin, entre a intelectualidade russa –, para o proletariado consciente, a luta pela liberdade política e pela república democrática burguesa é somente uma das fases necessárias que antecedem a revolução socialista. Escreve Lênin que saber discernir o caráter das diversas fases e analisá-los "de cabeça fria" não significa deixar para um futuro incerto a questão da revolução socialista, mas sim encurtar o tempo, evitando saltos à frente capazes apenas de causar fracassos, desilusões e instabilidades.

No artigo "Ótimas manifestações do proletariado e péssimas conclusões de certos intelectuais"[13], Lênin mostra que o movimento pela Constituição não difere de seus predecessores no que diz respeito ao conteúdo liberal

---

que simpatizam com o terrorismo. E não é de admirar que, entre os intelectuais revolucionários, são particularmente atraídos pelo terrorismo precisamente aqueles que não acreditam na vitalidade e na força do proletariado e sua luta de classe"; ibidem, p. 12-3.

[11] Isso não obstante o fato de que hoje grande parte dos "gramsciólogos" de profissão se empenha em identificar justamente na categoria de hegemonia o ponto maior de ruptura entre Gramsci e Lênin.

[12] Vladímir Ilitch Lênin, "A autocracia e o proletariado"; disponível em: https://www.marxists.org; acesso em: maio de 2022.

[13] Vladímir Ilitch Lênin, "Good Demonstrations of Proletarians and Poor Arguments of Certain Intellectuals"; disponível em: https://www.marxists.org; acesso em: maio de 2022.

das reivindicações. A verdadeira novidade consiste na participação direta do proletariado naquele movimento, com manifestações de rua, greves e assembleias populares de massa que, de fato, permitiram ao movimento um grande salto de qualidade.

O posicionamento da social-democracia (ou da democracia proletária) nos confrontos da democracia burguesa é uma questão que Lênin considera velha e nova ao mesmo tempo. Velha porque é enfrentada desde o princípio da história do movimento comunista no *Manifesto Comunista* e em *O capital*. Nova porque cada experiência oferece uma solução particular com combinações e tonalidades originais, diferentes da democracia burguesa, assim como das tendências do movimento socialista. A análise da situação econômica e social concreta mostra que a Revolução de 1905 não podia ter sido mais que burguesa e que haviam sido abertas as portas para um desenvolvimento capitalista de tipo europeu; mas ao mesmo tempo ficava claro que não se tratava de uma revolução burguesa no sentido clássico, como as do passado, pela simples razão de que a burguesia não estava em condições de exercer a hegemonia sobre as demais classes sociais, fosse por temor ao proletariado, fosse em razão de compromissos firmados com a autocracia tsarista.

Nesse sentido, as reivindicações liberais serão apoiadas, segundo Lênin, na medida em que ajam concretamente na luta contra a autocracia. E é propriamente o apoio do proletariado – que Lênin define como "o único democrático e verdadeiramente consequente" – que realiza a ideia de hegemonia.

> Somente porque se considera o conceito de hegemonia de maneira pequeno--burguesa, do ponto de vista comercial, as coisas mais importantes são o acordo, o reconhecimento recíproco, as condições verbais. Segundo o ponto de vista do proletariado, a hegemonia na guerra pertence a quem se bate com maior energia, a quem se aproveita de todas as ocasiões para desferir um golpe ao inimigo.[14]

A propósito disso, Gruppi revela a estreita relação entre a ideia de hegemonia e a batalha por posições da social-democracia contra a revolução burguesa: é

---

[14] Vladímir Ilitch Lênin, *Opere*, v. 8, cit., p. 66.

PREFÁCIO À EDIÇÃO BRASILEIRA 15

o que distingue sua posição daquela da direita social-democrata (os menchevi-ques), assim como o seu modo de entender e de aplicar o marxismo, a dialética materialista. O que Lênin recusa são as simetrias automáticas entre base de classe e sua manifestação política: burguesia = democracia, proletariado = socialismo.[15]

AS DUAS TÁTICAS DA SOCIAL-DEMOCRACIA NA REVOLUÇÃO DEMOCRÁTICA

A Revolução de 1905 foi o melhor teste para a análise de Lênin sobre a es-pecificidade da formação econômico-social russa e para a sua ideia sobre as funções e o modo de agir de uma organização revolucionária em um con-texto de levante. Este pôs em evidência, pela primeira vez na Rússia, o tema da autonomia política do proletariado e de sua organização. O texto *Duas táticas da social-democracia na revolução democrática,* concebido no pleno calor dos eventos, constituía a melhor síntese do assunto.

Para Lênin, o problema na ordem do dia da convocação de uma assem-bleia constituinte popular dá lugar a três possibilidades políticas: 1) aquela planejada pelo governo tsarista, que admite a necessidade de convocar os representantes do povo, mas que de maneira nenhuma pretende conferir a eles o caráter de assembleia popular e muito menos pretende dar-lhes o status de assembleia constituinte; 2) aquela da social-democracia, que, em vez disso, almeja a convocação de uma assembleia constituinte com plenos poderes, eleita com o pleno sufrágio universal, orientada a dar um fim no governo tsarista e substituí-lo por um governo provisório; 3) aquela conduzida pela burguesia liberal, que, por meio do partido constitucional, não apresenta o objetivo do abatimento do governo tsarista, tampouco o de criação de um governo provisório, e não faz pressão alguma a favor de uma assembleia constituinte livre e eleita por sufrágio universal. A eventual passagem de poder para os liberais deve ocorrer de modo gradual e pací-fico, mas sobretudo deve determinar que a transferência dos poderes do

---

[15] Luciano Gruppi, *Il pensiero di Lenin* (Roma, Editori Riuniti, 1971), p. 64. [ed. bras.: *O pensamento de Lênin*, trad. Carlos Nelson Coutinho, Rio de Janerio, Graal, 1979, p. 49]

tsarismo à burguesia mantenha as massas populares em sua condição de absoluta subalternidade político-social.

Inserido nesse quadro – em seu III Congresso –, o POSDR aprovou uma resolução na qual afirmava que tanto os interesses imediatos do proletariado quanto o objetivo final do socialismo requeriam uma plena liberdade política, que se realizaria pela substituição da autocracia tsarista por uma república democrática. A resolução argumentava que na Rússia tal perspectiva só poderia ser o resultado de uma insurreição popular vitoriosa, da qual o governo provisório deveria ser a expressão, garantindo a plena liberdade de agitação eleitoral e a eleição de uma assembleia constituinte com sufrágio universal. Por fim, esclarecia que essa revolução social ganhava força entre todas as classes sociais, sobretudo a burguesia, a qual, em determinado momento, inevitavelmente, usaria todos os meios para subtrair ao proletariado a maior parte de suas conquistas revolucionárias.

Com base nessas premissas, a resolução deliberava: 1) que o partido agisse para conscientizar a classe operária dessa perspectiva; 2) que, a depender da correlação de forças – ainda desconhecida –, seria admissível a participação dos sociais-democratas no governo provisório para combater em seu seio as tentativas contrarrevolucionárias; 3) que essa possibilidade era subordinada, porém, à salvaguarda da absoluta autonomia do partido dos trabalhadores e do severo controle de seus representantes no governo provisório; 4) que, independentemente da maior ou menor possibilidade de participar do governo, o partido deveria propagar entre as classes subalternas a ideia de uma constante pressão do proletariado sobre o governo provisório para consolidar e estender as conquistas revolucionárias.

Tal resolução, para Lênin, coloca justamente no centro das deliberações a questão do governo provisório, e não a questão da "conquista do poder em geral", porque a situação política não torna possível nenhuma outra solução. Qualquer discurso sobre o governo provisório e sobre as funções da social--democracia não deve perder de vista, por um só instante, o caráter de classe dessa revolução, que é democrático-burguesa. Justamente por considerar a relação entre revolução democrática e revolução socialista, é evidente que em Lênin a concepção dialética do "salto", consciente de que as contradições

PREFÁCIO À EDIÇÃO BRASILEIRA 17

são imanentes ao positivo, não deixa nenhum espaço ao evolucionismo determinista nem aos atalhos do radicalismo anárquico. Em tudo isso está clara a função insubstituível da filosofia hegeliana para o materialismo histórico que Lênin aplica à realidade russa:

> A revolução fortalecerá o domínio da burguesia, o que é inevitável no regime socioeconômico atual, ou seja, capitalista. Mas o resultado do fortalecimento da dominação da burguesia sobre um proletariado que possui uma certa liberdade política deverá ser, inevitavelmente, uma luta desesperada entre eles pelo poder; deverão ser tentativas desesperadas da burguesia para "arrancar do proletariado as conquistas do período revolucionário". Ao lutar pela democracia, à frente de todos e à cabeça de todos, o proletariado não deve se esquecer, portanto, nem por um momento, das novas contradições nas entranhas da democracia burguesa, nem da nova luta.[16]

A atitude do proletariado deve consistir, antes de tudo, na consciência da necessidade do governo provisório e em trabalhar para definir com clareza o programa de ação, isto é, o "programa mínimo" do partido. Tudo isso significa vincular o governo provisório a um programa voltado às transformações políticas e econômicas imediatas, realizadas com base nas relações sociais e econômicas existentes e necessárias para possibilitar um posterior passo à frente em direção ao socialismo. Portanto, um programa de ação, escreve Lênin, "que corresponda às condições objetivas do momento histórico atual e às tarefas da democracia proletária"[17]. Atribuindo ao governo provisório o dever de aplicar o programa mínimo, a resolução abandona o campo dos "pensamentos semianarquistas disparatados sobre a realização imediata do programa máximo, sobre a conquista do poder pela revolução socialista"[18].

> O estágio de desenvolvimento econômico da Rússia (condição objetiva) e o estágio de consciência e de organização das massas do proletariado (condição subjetiva, indissoluvelmente ligada à objetiva) tornam impossível a libertação imediata e plena da classe operária. Apenas as pessoas mais ignorantes podem desconhecer o caráter burguês da revolução democrática em curso; só os otimistas mais

[16] Neste volume, p. 39.

[17] Ibidem, p. 39-40.

[18] Ibidem, p. 40.

inocentes podem esquecer como as massas operárias conhecem ainda pouco os objetivos do socialismo e os métodos para sua efetivação.[19]

Contra aqueles que afirmavam que de tal modo se inviabilizava a revolução proletária, Lênin argumenta que, ao contrário, esse se constitui o primeiro passo em sua direção, seguindo-se pelo caminho praticável naquelas condições, o caminho da revolução democrática[20]. A posição de Lênin articula-se, portanto, em dois níveis: de um lado, o reconhecimento da fase ainda democrático-burguesa da revolução; de outro, a autonomia política e social do proletariado, em razão de seu objetivo final, que não está contemplado no democratismo político. Nesse texto Lênin direciona suas críticas não somente às orientações dos liberais mas também à falta de clareza que ele observa nos mencheviques. Na resolução proposta por eles, Lênin aponta uma confusão total entre revolução democrática e revolução socialista, entre governo provisório revolucionário e tomada do poder pelo proletariado. Além disso, o limite maior é que nas resoluções mencheviques não se esclarece quais são as premissas indispensáveis para viabilizar uma revolução democrática, constranger o governo provisório a convocar a assembleia constituinte e depor o tsar. Os mencheviques falam de assembleia constituinte e revolução, mas não resolvem a ambiguidade de dois pontos fundamentais: a instauração da república e a necessidade da insurreição popular.

Confrontando as duas resoluções, Lênin revela ainda outro ponto de distanciamento: se de fato a resolução aprovada no congresso, depois de haver abordado sinteticamente o tema da base econômica e social da revolução, concentra suas atenções na luta pela conquista imediata das classes subalternas, a resolução menchevique, após uma prolixa e confusa parte sobre as premissas econômico-sociais da revolução, fala em termos absolutamente vagos da luta pela conquista determinada, omitindo o tema dos objetivos reais do proletariado. Mas, segundo Lênin, é no que se refere ao papel ativo do proletariado e ao modo de entender a luta de classes que se

---

[19] Ibidem, p. 40-1.

[20] Ibidem, p. 41.

PREFÁCIO À EDIÇÃO BRASILEIRA   19

mostram as maiores diferenças entre as duas interpretações. Porque, se em um dos casos a liquidação do velho regime é inserida no fatal percurso das coisas contidas na luta de classes, no outro se afirma que a tarefa de efetuar tal liquidação cabe sobretudo ao partido do proletariado e que essa liquidação deve levar, sem ambiguidades, à república democrática:

> A resolução do congresso [dos bolcheviques] convoca para a luta uma determinada classe, por um objetivo imediato, determinado de maneira precisa. A resolução da conferência [dos mencheviques] reflete sobre a luta recíproca das diferentes forças. Uma resolução exprime a psicologia da luta ativa; outra, a da contemplação passiva; uma está impregnada de apelos à atividade viva, outra, de raciocínios mortos.[21]

A PARTICIPAÇÃO DO PROLETARIADO NA REVOLUÇÃO BURGUESA

A questão da intervenção subjetiva do proletariado e de seu partido é um tema cuja discussão esclarece a distância entre as duas concepções. A concepção menchevique é, para Lênin, farta em "rabeirismo", vale dizer, um apego similar àquele do velho economicismo russo que, em razão do atraso econômico e social do país, atribuía o lugar da iniciativa política exclusivamente à burguesia, relegando as classes subalternas somente ao âmbito da luta econômica. Da mesma maneira agora os mencheviques, segundo Lênin, não indicam como o proletariado deve intervir para fazer avançar o processo revolucionário para além dos limites a que se circunscreve a burguesia, não indicam os objetivos concretos da luta, limitando-se a uma descrição ociosa, geral e vaga do processo em curso. Esse modo de proceder, para Lênin, tornava novamente atual a acusação que Marx lançara, em suas "Teses sobre Feuerbach", ao materialismo estranho à dialética, à sua incapacidade de transformar o mundo no lugar de simplesmente interpretá-lo[22].

---

[21]   Ibidem, p. 54.

[22]   Os novo-iskristas, escreve Lênin, "marchando de modo diligente, mas dirigindo mal, rebaixam a interpretação materialista da história em sua ignorância do papel ativo, dirigente e orientador que podem e devem desempenhar na história os partidos conscientes das condições materiais da revolução e que se coloquem na dianteira das classes avançadas"; ibidem, p. 58.

Ter consciência do fato de que a Revolução Russa tem caráter burguês significa admitir que ela não implica o fim do capitalismo, mas sim um ulterior impulso em direção ao pleno desenvolvimento capitalista de tipo europeu (não asiático), que, de resto – como já vimos –, para Lênin, já estava em curso desde o final do século XIX. Isso não significa que tal revolução não desperte o interesse das classes subalternas e que ela deva acontecer somente para vantagem da burguesia. Afirmar o contrário significa levar ao extremo a teoria narodinista ou dar argumentos ao anarquismo, que, por princípio, condena qualquer hipótese de participação do proletariado na política burguesa e no seu parlamentarismo[23]. Em tal contexto, segundo Lênin, a ideia de buscar saídas para a classe operária fora do desenvolvimento capitalista é uma ideia *reacionária;* para superar os arcaísmos de muitos aspectos econômico-sociais da realidade russa e afastar-se de todos os resíduos do passado, a classe operária está interessada no pleno desenvolvimento capitalista e, contrariamente à tese dos narodinistas, sofreria mais com a falta (ou com a insuficiência) do desenvolvimento. Lênin afirma também que – ainda que possa parecer paradoxal – uma revolução burguesa é mais útil ao proletariado do que, talvez, à própria burguesia, uma vez que esta tem todo o interesse em não se desfazer completamente dos resíduos do velho regime; sua intenção é manter ativos aqueles que possam dar combate às aspirações das classes subalternas. Isso explica, para Lênin, a ambiguidade dos liberais diante do tsar e suas esperanças de chegar a um governo provisório em acordo com ele. A burguesia tem, portanto, todo o interesse em enfraquecer e tornar o mais gradual possível o processo de reformas, de modo a salvaguardar determinadas instituições feudais, como a monarquia, e limitar o máximo a intervenção ativa das massas populares.

> Pois, de outro modo, será mais fácil aos operários "mudar a espingarda de um ombro para o outro", como dizem os franceses, isto é, dirigir contra a própria burguesia a arma que a revolução burguesa lhes fornecer, a liberdade

---

[23] "O marxismo rompeu irremissivelmente com as elucubrações dos narodinistas e anarquistas, segundo as quais a Rússia, por exemplo, poderia evitar o desenvolvimento capitalista, escapar do capitalismo ou saltar por cima dele por algum caminho que não o da luta de classes no terreno e dentro dos limites desse mesmo capitalismo"; ibidem, p. 64.

que esta lhes der, as instituições democráticas que surgirem em um terreno limpo de servidão.[24]

Tudo isso explica suficientemente por que, para Lênin, é essencial que a classe operária se ponha à frente da revolução democrática e leve o mais adiante possível as possibilidades dessa revolução "empurrando a pontapés" a mesma burguesia para uma completa revolução burguesa. Seguramente Lênin, um atento conhecedor da Revolução Francesa, refere-se à experiência jacobina. E quem compreendeu plenamente essa ligação entre a Revolução Francesa e a Revolução Russa, entre o papel dos jacobinos e o papel dos bolcheviques foi somente Antônio Gramsci.

Nos *Cadernos do cárcere*, Gramsci destaca como os jacobinos lutaram insistentemente para assegurar o vínculo entre cidade e campo, tendo conquistado com a luta a sua hegemonia política, impondo-se à burguesia e conduzindo-a a uma posição muito mais avançada do que aquela a que havia chegado, tanto quanto as condições históricas tornavam possível. Gramsci escreve que no início da revolução a burguesia agita somente seus interesses corporativos imediatos, "fala grosso, mas na realidade comanda muito pouco"; são os jacobinos "que empurram para a frente a burguesia com chutes no traseiro"[25], fazendo-a perder suas características corporativas com o fim de torná-la classe hegemônica e dar "base permanente" ao Estado. Os jacobinos foram em substância, para Gramsci, o único "partido da revolução em ação", porque representavam não somente os interesses imediatos da burguesia francesa mas o movimento revolucionário em si, porque ousaram pôr-se à frente de um novo bloco social revolucionário, no qual representavam um papel até mesmo as massas populares e os camponeses, os quais se deram conta da necessidade de compor um bloco comum com os jacobinos para eliminar definitivamente a classe da aristocracia fundiária.

A experiência histórica demonstrava, portanto, que, se os camponeses se movem por "impulsos espontâneos", provocando oscilações nos estratos intelectuais, podem acabar por atraí-los, pelo menos em parte, para compor

---

[24] Ibidem, p. 66.

[25] Antonio Gramsci, *Quaderni del carcere*, cit., p. 2.027.

um novo bloco social; do mesmo modo, se os intelectuais, ou parte deles, se fazem portadores de uma plataforma que torne suas as reivindicações da massa de camponeses, estes terminam por constituir-se em grupos de massas sempre muito significativos.

Lênin compreendeu plenamente essa lição da história e, para Gramsci, esse é sem dúvida um de seus maiores méritos. Lênin escreve que é a situação da burguesia como classe que gera sua "incoerência na revolução democrática", enquanto é a condição do proletariado como classe que a constrange a ser democrática e consequente: "quanto mais consequente for a revolução burguesa nas suas transformações democráticas, tanto menos se limitará ao que é vantajoso exclusivamente para a burguesia. Quanto mais consequente for a revolução burguesa, tanto mais garantirá as vantagens do proletariado e do campesinato na revolução democrática"[26].

É interessante notar que Lênin se põe a esclarecer as diferentes gradações possíveis de democracia burguesa (alemã, americana, suíça, austríaca etc.) e a precisar como a forma que ela assume não pode ser indiferente ao proletariado, que, portanto, não pode abster-se da revolução democrática deixando sua direção à burguesia. Uma coisa é a realização de um governo democrático--burguês por meio de um compromisso entre burguesia e aristocracia tsarista, outra é a instauração de um governo democrático-burguês republicano criado pela ação direta das massas contra os proprietários de terras e as instituições do velho regime. Para Lênin, um marxista não pode permitir-se subestimar essa diferença de grau e caráter entre uma forma e outra de democracia, limitando-se a filosofar, em geral, sobre o fato de que se trata sempre de formas de domínio burguês. Em tudo isso reside, portanto, o coração da divergência sobre a tática a ser seguida, que explodiu no III Congresso do POSDR entre as duas maiores tendências da social-democracia russa.

Diante da Revolução Russa estavam, para Lênin, somente essas duas possibilidades: ou a vitória plena sobre o tsarismo, ou uma baixa solução de compromisso entre este e os elementos mais incoerentes e iludidos da burguesia. Lênin identifica no proletariado a única classe em condições de

---

[26] Neste volume, p. 67.

levar a termo a primeira solução, por meio da análise das forças sociais em condições de conduzir uma vitória decisiva nesse processo. Essas forças não poderiam ser, por certo, a grande burguesia empreendedora ou os proprietários de terra, que não desejavam essa vitória porque tinham demasiada confiança no aparato coercitivo do tsar em sua luta contra a classe operária e os camponeses para poder renunciar a ele. As únicas forças em condições de levar a essa vitória são, para o revolucionário russo, o proletariado e os camponeses, e o resultado dessa vitória não poderia ser outro que a sua "ditadura revolucionária democrática"[27], obtida por meio do armamento do *povo*.

***

Na passagem do século XX para o XXI, afirmou-se a tese de que a democracia liberal, triunfante sobre as concepções rivais, seria "o auge da evolução da humanidade", a "forma definitiva de governo entre os homens", "o fim da história"[28]. Tendo ela liquidado outras ideologias e superado as estruturas pré-modernas que limitavam o desenvolvimento capitalista, tudo estava fatalmente destinado a mudar devido ao efeito perturbador das leis do mercado, que seriam um limite intransponível a qualquer tentativa ideológica de regulamentação política. Unificado o planeta em torno dos valores ocidentais, o futuro estava destinado a viver uma nova era de paz mundial, com mais oportunidades e prosperidade para todos. Esse paradigma, que se afirmou precisamente em nome da "luta contra as ideologias", mobilizou um imenso arsenal hegemônico destinado a impor uma única visão do mundo, fora da qual não há direito de cidadania. Para citar um autor liberal que precedeu a esse desenvolvimento do "mundo livre", ou se está dentro de seu círculo de valores, ou simplesmente não se pode existir e ter o direito de falar[29]. As formas modernas de despotismo não intervêm meramente no nível

---

[27] Ibidem, p. 71.

[28] Francis Fukuyama, "The End of History?", *The National Interest*, n. 16, verão de 1989, p. 3-18.

[29] "A maioria traça um círculo formidável em torno do pensamento. Dentro desses limites, o escritor é livre; mas ai dele, se ousar sair! Não que deva temer um auto de fé, mas vê-se diante dos desgostos de todo o tipo e de perseguições cotidianas"; Alexis de Tocqueville, *A democracia na América: leis e costumes de certas leis e certos costumes políticos que foram naturalmente sugeridos aos americanos por seu estado social democrático* (trad. Eduardo Brandão, 2. ed., São Paulo, Martins Fontes, 2005), p. 299.

24 DUAS TÁTICAS DA SOCIAL-DEMOCRACIA NA REVOLUÇÃO DEMOCRÁTICA

da repressão civil e penal, mas também o fazem no plano da cultura[30]. Atuam na consciência dos cidadãos, despertando entusiasmo, compaixão, indignação e raiva de acordo com as necessidades políticas dos grupos dominantes.

Assim, o centenário da Revolução de Outubro, em 2017, transcorreu num clima cultural e político claramente desfavorável ao livre confronto intelectual e bem pouco disposto a avaliar razões e heranças de um evento que, qualquer que seja nosso julgamento subjetivo, representa uma mudança radical de curso da história da humanidade, fato que não se pode ignorar. Num contexto em que comunismo e nazismo são apresentados como irmãos gêmeos, filhos da mesma degeneração (o trauma da Primeira Guerra Mundial), o protagonista da Revolução Russa é frequentemente apontado como a origem de todo fanatismo ideológico moderno. Se o XX é considerado o século dos horrores, das ditaduras e dos totalitarismos, no centro desse quadro apocalíptico, Lênin aparece como o arquidiabo a quem são imputadas todas as calamidades de uma era sangrenta, incluindo-se o fascismo[31].

As severas condenações, sem nenhum apelo, condicionaram inevitavelmente toda tentativa desinteressada de analisar a biografia do revolucionário russo, impedindo uma avaliação livre do *corpus* de sua produção intelectual e política. No entanto, ao situar Lênin num mostruário de teratologia, torna-se também difícil avaliar cientificamente a importância de uma teoria que, para além dos acontecimentos russos, abriu as portas de continentes distantes e periféricos ao marxismo, possibilitando processos revolucionários inimagináveis segundo os cânones do velho marxismo ocidental, preso aos paradigmas do positivismo determinista[32]. Em razão da carga anticolonial de seu pensamento e de sua luta implacável contra toda forma de chauvinismo, Lênin, demonizado no Ocidente como poucos, teve,

---

[30] John Stuart Mill, *Sulla libertà* (Roma, Armando Editore, 1996), p. 48. [ed. bras.: *Sobre a liberdade e A sujeição das mulheres*, trad. Paulo Geiger, São Paulo, Penguin Classics Companhia das Letras, 2017, p. 75-6]

[31] Domenico Losurdo, *Il peccato originale del Novecento* (Roma-Bari, Laterza, 1998), p. 2-13. [ed. bras.: *O pecado original do século XX*, São Paulo, Anita Garibaldi, 2013]

[32] Kevin Anderson, *Lenin, Hegel and Western Marxism: A Critical Study* (Urbana University of Illinois Press, 1995), p. 123-35

mais do que ninguém, vontade de passar da simples interpretação do mundo à sua transformação prática. Esse pecado original nunca foi perdoado. Porque vicejou depois nas revoltas sociais, seu nome (nas academias, nos jornais, no mundo da cultura e também na esquerda) não pode ser evocado sem que a ele se associem alguns adjetivos depreciativos. Essa condenação unânime, em tempos novamente dominados pelo nacionalismo imperialista mais grosseiro e belicista, confirma como atualmente é necessário estudar seu trabalho sem preconceitos. Com os ventos que sopram hoje, aqueles que se ocupam da história do movimento operário e estudam o pensamento crítico desempenham uma função similar à daqueles frades amanuenses que dedicaram sua existência à transcrição das obras da Antiguidade clássica para evitar que tudo se perdesse ou se corrompesse pelo esquecimento da história ou pela discricionariedade criativa da simples tradição oral. Nesse sentido, e tendo em vista a atual e horrorosa fase de refluxo democrático e de ofensiva reacionária, a publicação deste livro, assim como toda a produção editorial da Boitempo que visa a disponibilizar para os leitores brasileiros os clássicos do pensamento marxista, assume uma importância analítica e programática fundamental para a resistência e para a luta por um mundo melhor, mais livre e justo.

Cagliari, Itália, maio de 2022

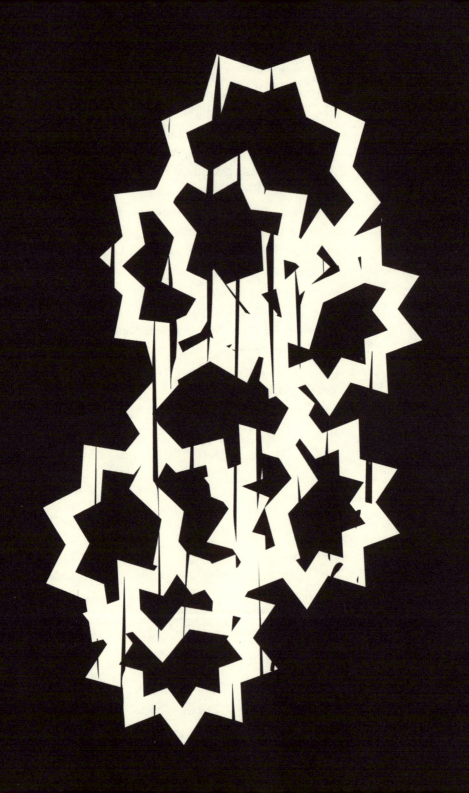

PREFÁCIO

Em um momento revolucionário, é muito difícil acompanhar os acontecimentos, que fornecem uma quantidade surpreendente de material novo para
a avaliação das palavras de ordem táticas dos partidos revolucionários. A
presente brochura foi escrita antes dos acontecimentos de Odessa*. Já apon-
tamos em *Prolietári* (n. 9, "A Revolução Educa"[1]) que esses acontecimentos
obrigaram mesmo aqueles sociais-democratas que criaram a teoria da insur-
reição-processo e negavam a propaganda a favor de um governo provisório
revolucionário a passar ou começar a passar de fato para o lado dos seus oponentes. A revolução ensina, sem dúvida, com tal rapidez e tal firmeza que
parecem inacreditáveis nas épocas pacíficas de desenvolvimento político. E o
que é mais importante, ela ensina não só os dirigentes mas também as massas.

Não resta a menor dúvida de que a revolução ensinará o social-democratismo às massas operárias da Rússia. A revolução confirmará, na prática,
o programa e a tática da social-democracia, mostrando a verdadeira natureza das diversas classes sociais, o caráter burguês da nossa democracia e as
verdadeiras aspirações do campesinato – revolucionário no espírito democrático-burguês, mas portador não da ideia da "socialização", mas de uma
nova luta de classes entre a burguesia camponesa e o proletariado rural.
As velhas ilusões do velho narodinismo[2], que se manifestam de modo tão

---

* Refere-se à insurreição do encouraçado *Príncipe Potemkin*. [Nota à edição de 1907.]

[1] Vladímir Ilitch Lênin, *Obras completas* (5. ed., Moscou, Издательство Политической Литературы/
Izdátelstvo Polititcheskoi Literatúry, 1963), t.1, p. 136 [ed. port.: "A Revolução Educa"; disponível em:
https://www.marxists.org; acesso em: abr. de 2022]. (N. E. R)

[2] Referência ao chamado "populismo russo", movimento da nobreza nacional ilustrada das décadas
de 1860 e 1870, defensora de um socialismo agrário inspirado nas ideias de Jean-Jacques Rousseau e
Aleksandr Herzen. (N. R. T.)

evidente, por exemplo, no projeto de programa do "Partido dos Socialistas-Revolucionários", nas questões do desenvolvimento do capitalismo na Rússia, do democratismo da nossa "sociedade" e do significado da vitória completa da insurreição camponesa, todas essas ilusões serão dissipadas, implacável e definitivamente, pela revolução. Pela primeira vez, ela dará um verdadeiro batismo político às diferentes classes. Essas classes sairão da revolução com uma fisionomia política definida, revelando-se não só nos programas e nas palavras de ordem táticas de seus ideólogos mas também por meio da ação política aberta das massas.

Não há dúvidas de que a revolução nos ensinará; ensinará as massas populares. Mas a questão que, a partir de agora, se coloca para o partido político em luta é esta: seremos capazes de ensinar algo à revolução? Seremos capazes de usar a correção da nossa doutrina social-democrata, a nossa ligação com a única classe que é revolucionária até o fim, o proletariado, para imprimir à revolução a marca proletária, para levar a revolulção até a verdadeira vitória decisiva, na prática e não em palavras, para paralisar a instabilidade, a ambiguidade e a traição da burguesia democrática?

É a esse objetivo que devemos direcionar todas as nossas forças. E a sua conquista depende, por um lado, da correção da nossa avaliação da posição política, da exatidão das nossas palavras de ordem táticas, e, por outro, do apoio a essas palavras de ordem pela força combativa real das massas operárias. Ao fortalecimento e à expansão da conexão com as massas deve orientar-se todo o trabalho ordinário, regular, corrente, de todas as organizações e de todos os grupos do nosso partido, todo o trabalho de propaganda, de agitação e de organização. Esse trabalho é sempre necessário, mas, em um momento revolucionário, menos que nunca pode ser considerado suficiente. Nesse momento, a classe operária sente-se instintivamente impelida a uma intervenção revolucionária aberta, e nós devemos saber colocar de maneira correta as tarefas dessa intervenção, a fim de, em seguida, difundir do modo mais amplo possível o conhecimento dessas tarefas, bem como sua compreensão. Não se pode esquecer que o pessimismo corrente sobre a nossa ligação com as massas encobre, agora com especial frequência, as ideias burguesas relativas ao papel do proletariado na revolução.

PREFÁCIO 29

Sem dúvida, temos de trabalhar muito e muito ainda na formação e na organização da classe operária, mas toda a questão a partir de agora consiste em saber: onde deve repousar o principal centro de gravidade político dessa formação e dessa organização. Seria nos sindicatos e nas associações legais ou na insurreição armada, no trabalho de criação de um exército revolucionário e de um governo revolucionário? Tanto em um quanto em outro a classe operária se forma e se organiza. Tanto um quanto outro são, evidentemente, necessários. Contudo, toda a questão a partir de agora, na presente revolução, reduz-se a saber: onde deve repousar o centro de gravidade da educação e da organização da classe operária, se no primeiro ou no segundo. O resultado da revolução depende de saber se a classe operária desempenhará um papel de auxiliar da burguesia, poderoso em virtude da intensidade do seu ataque contra a autocracia, mas politicamente impotente, ou se desempenhará o papel de dirigente da revolução popular. Os representantes conscientes da burguesia o compreendem perfeitamente. É por isso que a *Osvobojdiénie* exalta o akimovismo, o "economismo" na social-democracia, que *agora* coloca em primeiro plano os sindicatos e as associações legais. É por isso que o sr. Struve reverencia (n. 72 da *Osvobojdiénie*) as tendências de princípios do akimovismo no novo-iskrismo. É por isso também que arremete contra a odiada estreiteza revolucionária das resoluções do III Congresso do Partido Operário Social-Democrata Russo.[3]

---

[3] O II e o III Congressos do POSDR ocorreram, respectivamente, em 1903 e 1905. O II Congresso ocorreu primeiro em Bruxelas, depois em Londres. Preparado pelo *Iskra*, então sob a direção de Lênin, buscou reunir sociais-democratas russos com base nos princípios do marxismo revolucionário. A composição do congresso foi heterogênea. Estavam presentes os partidários do *Iskra*, seus opositores, bem como membros de posição oscilante. As questões mais importantes do congresso foram a aprovação do programa e do estatuto do partido e as eleições dos centros partidários dirigentes. No II Congresso, ocorreu a cisão entre os partidários consequentes da corrente iskrista, os leninistas, e os iskristas moderados, os partidários de Mártov. Os partidários da corrente leninista receberam a maioria dos votos nas eleições das assembleias centrais do partido e passaram a ser chamados de bolcheviques, já os que receberam a minoria foram chamados de mencheviques. Ao criar um partido proletário de novo tipo, que se tornou o modelo para os marxistas revolucionários de todos os países, o congresso significou um ponto de virada no movimento operário internacional.

O III Congresso realizou-se em Londres. Foi preparado pelos bolcheviques e dirigido por Lênin. Os mencheviques negaram-se a participar do congresso e reuniram-se em Genebra para sua própria conferência. O congresso examinou questões fundamentais da revolução que se desenrolava na Rússia e determinou as tarefas do proletariado e do seu partido. Foram debatidas, no congresso, as

As acertadas palavras de ordem táticas corretas da social-democracia têm agora um importante significado para a direção das massas. Não há nada mais perigoso do que subestimar o significado das palavras de ordem táticas sustentadas por princípios em épocas revolucionárias. Por exemplo, o *Iskra* n. 104 passa factualmente para o lado dos seus oponentes na social-democracia, mas, ao mesmo tempo, responde com desdém às palavras de ordem e às resoluções táticas que vão adiante da vida, que indicam o caminho pelo qual avança o movimento com uma série de reveses, erros etc. Pelo contrário, a elaboração de resoluções táticas corretas tem um significado gigantesco para o partido que pretende dirigir o proletariado no espírito dos princípios consequentes do marxismo, e não apenas deixar-se arrastar na cauda dos acontecimentos. Nas resoluções do III Congresso do Partido Operário Social-Democrata Russo e da conferência da parte que se separou do partido*, temos a expressão mais precisa, refletida e completa das concepções táticas, que não foram expostas casualmente por literatos, mas aprovadas pelos representantes responsáveis do proletariado social-democrata. O nosso partido está à frente de todos os demais, com um programa preciso

seguintes questões: relatório do Comitê de Organização; insurreição armada; atitude em relação à política do governo às vésperas da revolução; o governo revolucionário provisório; atitude em relação ao movimento camponês; estatutos do partido; atitude para com a parte que se separou do POSDR; atitude para com organizações sociais-democratas nacionais; atitude para com os liberais; acordos práticos com os socialistas-revolucionários; propaganda e agitação; relatórios do Comitê Central (CC) e dos delegados dos comitês locais etc. Lênin redigiu os projetos de resoluções para todas as questões fundamentais discutidas pelo congresso. Pronunciou, na ocasião, discursos sobre a participação da social-democracia no governo revolucionário provisório e sobre a resolução quanto ao apoio ao movimento camponês; interveio também com discursos sobre a insurreição armada, as relações entre operários e intelectuais nas organizações sociais-democratas, os estatutos do partido e outras questões. O congresso traçou um plano estratégico e a linha táctica do partido na revolução democrática burguesa. Além disso, apresentou, como tarefa fundamental e inadiável do partido na revolução democrático-burguesa, a tarefa de organizar a insurreição armada, assinalando que, como resultado da vitória da insurreição popular armada, devia ser criado o governo revolucionário provisório que teria de esmagar a resistência da contrarrevolução, realizar o programa mínimo do POSDR e preparar as condições para passar à revolução socialista. (N. E. P. A.)

* Participaram do III Congresso do POSDR (realizado em Londres, em maio de 1905) apenas os bolcheviques. Da conferência (em Genebra, no mesmo momento), participaram apenas os mencheviques, chamados nesta brochura, geralmente, de novo-iskristas, pois, tendo eles continuado a publicar o *Iskra*, anunciaram pela boca de seu então correligionário Trótski que entre o velho e o novo *Iskra* jazia um abismo. [Nota à edição de 1907.]

PREFÁCIO 31

e aceito por todos. Ele deve dar aos outros partidos o exemplo de uma atitude rigorosa também em relação às suas resoluções táticas, em oposição ao oportunismo da burguesia democrática da *Osvobojdiénie* e à fraseologia revolucionária dos socialistas-revolucionários, os quais, somente durante a revolução, se apressaram em apresentar um "projeto" de programa e se ocuparam, pela primeira vez, da questão sobre ser burguesa a revolução que estava ocorrendo bem diante de seus olhos.

Eis por que consideramos que o tema mais urgente da social-democracia revolucionária é o estudo cuidadoso das resoluções táticas do III Congresso do Partido Operário Social-Democrata Russo e da conferência, a definição de seus desvios dos princípios do marxismo, a compreensão das tarefas concretas do proletariado social-democrata na revolução democrática. A esse trabalho é dedicada a brochura aqui proposta. A comprovação da nossa tática do ponto de vista dos princípios do marxismo e das lições da revolução é fundamental também para quem quiser realmente preparar a unidade de tática como base da futura unificação plena de todo o Partido Operário Social-Democrata Russo, e não limitar-se unicamente a palavras de incitação.

Julho de 1905.

N. Lênin[4]

---

[4] Trata-se do pseudônimo de Lênin, Nicolai. (N. R. T.)

1
UMA QUESTÃO POLÍTICA VITAL

No momento revolucionário que atravessamos, está na ordem do dia a questão da convocação de uma assembleia constituinte de todo o povo. Sobre como resolver essa questão, as opiniões divergem. Esboçam-se três tendências políticas. O governo tsarista admite a necessidade da convocação de representantes do povo, mas não deseja, de modo nenhum, permitir que a sua assembleia seja nacional e constituinte. Pode parecer que ele está de acordo, se se acredita nas notícias dos jornais sobre os trabalhos da Comissão Bulíguin, de uma assembleia consultiva eleita sob a ausência de liberdade de agitação e sob um sistema eleitoral estritamente censitário ou estritamente estamentário. O proletariado revolucionário, uma vez que é dirigido pela social-democracia, exige a passagem completa do poder para a assembleia constituinte, procurando, com esse fim, alcançar não apenas o sufrágio universal e a plena liberdade de agitação, mas, além disso, a derrubada imediata do governo tsarista e a sua substituição por um governo provisório revolucionário. Finalmente, a burguesia liberal – que exprime seus desejos pela boca dos chefes do assim chamado "Partido Constitucional-Democrata" – não exige a derrubada do governo tsarista, não impulsiona a palavra de ordem do governo provisório, não insiste nas garantias reais para que as eleições sejam completamente livres e justas e a assembleia dos representantes possa ser de fato nacional e de fato constituinte. Em essência, a burguesia liberal, a única que constitui um ponto de apoio social sério da tendência da *Osvobojdiénie*, procura conseguir uma negociação o mais pacífica possível entre o tsar e o povo revolucionário; uma negociação tal que, além disso, deixe a maior parte possível do poder nas suas mãos, nas da burguesia, e a menor parte possível nas do povo revolucionário, do proletariado e dos camponeses.

34 DUAS TÁTICAS DA SOCIAL-DEMOCRACIA NA REVOLUÇÃO DEMOCRÁTICA

Essa é a situação política no momento presente. Tais são as três tendências políticas principais, correspondentes às três forças sociais principais da Rússia contemporânea. Já falamos mais de uma vez no *Prolietári* (n. 3, 4 e 5) sobre como os membros da *Osvobojdiénie* encobrem, com frases alegadamente democráticas, a sua política ambígua, ou seja, falando de modo direto e simples, traidora, traiçoeira, perante a revolução. Vejamos, agora, como os sociais-democratas consideram as tarefas do momento. Constituem, neste sentido, material excelente as duas resoluções adotadas recentemente pelo III Congresso do POSDR e pela "conferência" da parte que se separou do partido. A questão sobre qual dessas resoluções avalia mais corretamente o momento político e mais corretamente define a tática do proletariado revolucionário tem um significado enorme, e qualquer social-democrata que deseje cumprir conscientemente os seus deveres de propagandista, de agitador e de organizador deve se orientar com toda a atenção acerca dessa questão, colocando completamente de lado todas as considerações estranhas à essência da coisa.

Por tática de um partido entende-se a sua conduta política ou o caráter, a orientação e os métodos da sua atuação política. O congresso do partido adota resoluções táticas para definir de modo preciso a conduta política do partido como um todo em relação às novas tarefas ou em vista de uma nova situação política. Tal nova situação foi criada pela revolução iniciada na Rússia, ou seja, pela divergência completa, decidida e aberta da gigantesca maioria do povo com o governo tsarista. A nova questão consiste em saber quais são os meios práticos para a convocação de uma assembleia de fato nacional e de fato constituinte (teoricamente, a questão sobre tal assembleia já há muito foi oficialmente resolvida, antes de todos os demais partidos, pela social-democracia no seu programa partidário). Se o povo se separou do governo e a massa está consciente da necessidade de instituir uma nova ordem a um partido que tenha estabelecido como seu objetivo derrubar o governo, é imprescindível pensar em qual governo substituirá o antigo, que foi derrubado. Surge uma nova questão, a do governo provisório revolucionário. Para dar uma resposta completa a essa questão, o partido do proletariado consciente deve esclarecer, em primeiro lugar, o significado do governo provisório revolucionário na revolução em curso e em toda a luta do proletariado em geral, em segundo, a sua atitude em relação ao governo provisório revolucionário, em terceiro, as condições precisas da participação da social-democracia nesse governo e, em quarto, as condições da pressão sobre esse governo a ser feita a partir de baixo, ou seja, em caso de ausência da social-democracia. Somente esclarecendo todas essas questões, a conduta política do partido nesse sentido será principista, clara e firme.

Vejamos, pois, como a resolução do III Congresso do POSDR soluciona essas questões. Eis o seu texto completo:

Resolução sobre o governo provisório revolucionário
Levando em consideração:
1) que tanto os interesses imediatos do proletariado quanto os interesses da sua luta pelos objetivos finais do socialismo demandam a liberdade política mais completa possível e, consequentemente, a substituição da forma de governo autocrática pela república democrática;
2) que a efetivação da república democrática na Rússia somente é possível como resultado de uma insurreição popular vitoriosa, cujo órgão será o governo provisório revolucionário, único capaz de garantir plena liberdade de agitação eleitoral e de convocar, na base do sufrágio universal, igual, direto e secreto, uma assembleia constituinte que seja de fato uma expressão da vontade do povo;
3) que essa revolução democrática na Rússia, dada a ordem socioeconômica atual, não enfraquecerá, antes fortalecerá, o domínio da burguesia, a qual tentará inevitavelmente, em determinado momento, sem se deter em nada, arrancar do proletariado russo o maior número possível das conquistas do período revolucionário;
O III Congresso do POSDR resolve:
a) é necessário difundir entre a classe operária uma ideia concreta sobre o curso mais provável da revolução e sobre a necessidade do surgimento, num momento determinado, de um governo provisório revolucionário, do qual o proletariado exigirá a efetivação de todas as reivindicações políticas e econômicas imediatas do nosso programa (programa mínimo);
b) em função da correlação de forças e de outros fatores, que não são passíveis de determinação prévia exata, é admissível a participação de delegados do nosso partido no governo provisório revolucionário, a fim de lutar implacavelmente contra todas as tentativas contrarrevolucionárias e defender os interesses independentes da classe operária;

c) é condição necessária para essa participação o rigoroso controle do partido sobre seus delegados e a constante proteção da independência da social-democracia, que tem por aspiração realizar uma revolução socialista completa e, portanto, é inimiga irreconciliável de todos os partidos burgueses;

d) independentemente de ser ou não possível a participação da social-democracia no governo provisório revolucionário, deve-se propagandear entre as mais amplas camadas do proletariado a ideia de que é necessário que o proletariado armado, dirigido pela social-democracia, faça constante pressão sobre o governo provisório, para a proteção, a consolidação e a ampliação das conquistas da revolução.

2

O QUE NOS OFERECE A RESOLUÇÃO DO III CONGRESSO DO POSDR SOBRE O GOVERNO PROVISÓRIO REVOLUCIONÁRIO?

A resolução do III Congresso do POSDR, como se vê pelo seu título, é inteira e exclusivamente consagrada à questão do governo provisório revolucionário. Isso quer dizer que a participação da social-democracia no governo provisório revolucionário surge, aqui, como uma parte da questão. Por outro lado, trata-se apenas de um governo provisório revolucionário, e de nada mais – consequentemente, não cabem aqui questões como a da "conquista do poder" em geral etc. Procedeu o congresso corretamente ao suspender essa e outras questões semelhantes? Sem dúvida, procedeu corretamente, pois a situação política da Rússia não coloca, de modo algum, tais questões na ordem do dia. Pelo contrário, a questão que está colocada, por todo o povo, na ordem do dia é a derrubada da autocracia e a convocação de uma assembleia constituinte. Os congressos do partido devem resolver não as questões a que se refere, oportuna ou inoportunamente, este ou aquele literato, mas aquelas que têm significado político sério em virtude das condições do momento e devido ao curso objetivo do desenvolvimento social.

Qual é o significado do governo provisório revolucionário para a revolução atual e para a luta geral do proletariado? A resolução do congresso explica-o, indicando, logo no início, a necessidade da "liberdade política mais completa possível", tanto do ponto de vista dos interesses imediatos do proletariado quanto do ponto de vista dos "objetivos finais do socialismo". Mas a liberdade política completa exige a substituição da autocracia tsarista pela república democrática, como se reconhece já no programa do nosso partido. O destaque na palavra de ordem de república democrática na resolução do congresso é necessário do ponto de vista lógico e de princípio, pois o proletariado, como combatente de vanguarda pela democracia, procura alcançar justamente a liberdade completa; além disso, esse destaque é ainda mais apropriado no momento atual, quando se pronunciam, sob a bandeira do "democratismo", os monarquistas, a saber: o assim chamado partido "constitucionalista-democrata", ou da *Osvobojdiénie*.

Para a instituição de uma república é absolutamente necessária uma assembleia de representantes do povo, que deve ser obrigatoriamente nacional (na base do sufrágio universal, igual, direto e com votação secreta) e constituinte. É isso o que, mais adiante, reconhece a resolução do congresso. Mas não se limita a isso. Para instituir uma nova ordem de coisas que "seja de fato uma expressão da vontade do povo", não basta que se dê à assembleia representativa a denominação de constituinte. É preciso que essa assembleia tenha poder e força para "constituir". Consciente disso, a resolução do congresso não se limita à palavra de ordem formal de "assembleia constituinte", mas acrescenta as condições materiais sem as quais não será possível à referida assembleia o cumprimento de sua tarefa. Indicar as condições em que a assembleia constituinte nas palavras pode se transformar em assembleia constituinte na prática é uma necessidade premente, já que a burguesia liberal, representada pelo partido constitucional-monárquico, deturpa deliberadamente – conforme mais de uma vez já indicamos – a palavra de ordem de assembleia constituinte nacional, reduzindo-a a uma frase oca.

A resolução do congresso diz que *somente* um governo provisório revolucionário – e, além disso, que seja um órgão de uma insurreição popular vitoriosa – é capaz de garantir a completa liberdade da agitação eleitoral e convocar uma assembleia que de fato expresse a vontade do povo. Essa proposição é justa? Quem pense em contestá-la deve afirmar que o governo tsarista pode não estender a mão à reação, que é capaz de ser neutro durante as eleições, que pode preocupar-se com a real expressão da vontade do povo. Semelhantes afirmações são tão disparatadas que ninguém as defenderá abertamente, mas justamente nossos membros da *Osvobojdiénie* fazem-nas passar às escondidas sob a bandeira liberal. Alguém deve convocar a assembleia constituinte, garantir as eleições livres e regulares e outorgar inteiramente a essa assembleia o poder e a força – e somente um governo revolucionário, na qualidade de um órgão da insurreição, pode querê-lo com inteira sinceridade e ser capaz de fazer de tudo para a sua efetivação. Inevitavelmente, o governo tsarista vai se opor a isso. Um governo liberal que chegue a um acordo com o tsar e que não se apoie inteiramente na insurreição popular não será capaz de querê-lo sinceramente, nem de efetivá-lo, ainda que tenha o mais sincero desejo. A resolução do congresso, portanto, é a única a oferecer uma palavra de ordem democrática correta e completamente consequente.

Mas a avaliação do significado do governo provisório revolucionário seria incompleta e errada se perdêssemos de vista o caráter de classe da revolução democrática. Por isso a resolução acrescenta que a revolução fortalecerá o domínio da burguesia, o que é inevitável no regime socioeconômico atual, ou seja, capitalista. Mas o resultado do fortalecimento da dominação da burguesia sobre um proletariado que possui uma certa liberdade política deverá ser, inevitavelmente, uma luta desesperada entre eles pelo poder; deverão ser tentativas desesperadas da burguesia para "arrancar do proletariado as conquistas do período revolucionário". Ao lutar pela democracia, à frente de todos e à cabeça de todos, o proletariado não deve se esquecer, portanto, nem por um momento, das novas contradições nas entranhas da democracia burguesa, nem da nova luta.

O significado do governo provisório revolucionário, dessa maneira, é completamente avaliado na parte da resolução que examinamos: em sua relação com a luta pela liberdade e pela república, com a assembleia constituinte e com a revolução democrática, que limpará o terreno para uma nova luta de classes.

Pergunta-se em seguida qual deve ser a posição do proletariado em geral acerca do governo provisório revolucionário. A isso a resolução do congresso responde, antes de tudo, com o conselho direto ao partido de difundir, entre a classe operária, a convicção da necessidade de um governo provisório revolucionário. A classe operária deve estar consciente dessa necessidade. Enquanto a burguesia "democrática" deixa na sombra a questão da derrubada do governo tsarista, nós devemos impulsioná-la ao primeiro lugar e insistir na necessidade de um governo provisório revolucionário. Mais ainda, devemos indicar o programa de ação desse governo, que corresponda às condições objetivas do momento histórico atual e às tarefas da democracia proletária. Esse programa é *todo* o programa mínimo do nosso partido, o programa das transformações políticas e econômicas imediatas, plenamente realizáveis, por um lado, na base das relações socioeconômicas atuais, e necessárias, por outro, para dar o passo seguinte, para efetivar o socialismo.

Dessa maneira, a resolução esclarece completamente o caráter e os fins do governo provisório revolucionário. Devido à sua origem e ao seu caráter fundamental, esse governo deve ser o órgão da insurreição popular. Devido à sua finalidade formal, deve ser o instrumento para convocar a assembleia constituinte nacional. Devido ao conteúdo de sua atuação, deve efetivar o programa mínimo da democracia proletária, único capaz de assegurar os interesses do povo insurgente contra a autocracia.

Pode-se argumentar que o governo provisório, por ser provisório, não pode realizar um programa positivo, ainda não aprovado por todo o povo. Tal argumentação não passa de um sofisma de reacionários e "autocráticos". Não realizar nenhum programa positivo significa tolerar a existência dos regimes de servidão de uma autocracia podre. Só um governo de traidores da causa da revolução, e não um governo que seja um órgão da insurreição popular, poderia tolerar esses regimes. Seria um escárnio se alguém propusesse renunciar ao exercício da liberdade de reunião na prática até que essa liberdade seja reconhecida pela assembleia constituinte – sob o pretexto de que a assembleia constituinte poderia não reconhecer a liberdade de reunião! É igualmente um escárnio a objeção à efetivação imediata de um programa mínimo pelo governo provisório revolucionário.

Assinalemos, finalmente, que, ao estabelecer como tarefa do governo provisório revolucionário a efetivação do programa mínimo, a própria resolução elimina pensamentos semianarquistas disparatados sobre a realização imediata do programa máximo, sobre a conquista do poder para a revolução socialista. O estágio de desenvolvimento econômico da Rússia (condição objetiva) e o estágio de consciência e de organização das massas do proletariado (condição subjetiva, indissoluvelmente ligada à objetiva) tornam impossível a libertação imediata e plena da classe operária. Apenas as pessoas mais ignorantes podem desconhecer o caráter burguês da revolu-

O QUE NOS OFERECE A RESOLUÇÃO DO III CONGRESSO DO POSDR... 41

ção democrática em curso; só os otimistas mais inocentes podem esquecer como as massas operárias conhecem ainda pouco os objetivos do socialismo e os métodos para sua efetivação. Quanto a nós, estamos todos convencidos de que a libertação dos operários só pode ser obra dos próprios operários; sem a consciência e a organização das massas, sem a sua preparação e a sua educação por meio da luta de classes aberta contra toda a burguesia, não se pode sequer falar de golpe revolucionário socialista. E, como resposta às objeções anarquistas de que estamos adiando a tomada de poder socialista, dizemos que não estamos adiando, estamos dando o primeiro passo em sua direção por meio do único método possível, do único caminho correto, a saber, o caminho da república democrática. Quem quiser chegar ao socialismo por outro caminho, que não seja o do democratismo político, chegará inevitavelmente a conclusões disparatadas e reacionárias, tanto no sentido econômico como no político. Se, em momento oportuno, um ou outro operário nos perguntar por que não realizamos o nosso programa máximo, responderemos com a indicação de como, democraticamente, as disposições das massas ainda estão alheias ao socialismo, de como as contradições de classe ainda não estão desenvolvidas, de como os proletários ainda estão desorganizados. Organizem centenas de milhares de operários em toda a Rússia, propaguem a simpatia pelo nosso programa entre milhões! Experimentem fazer isso; não se limitem às sonoras, mas vazias, frases anarquistas e vocês verão imediatamente que efetivar essa organização, propagar essa educação socialista, depende da efetivação mais completa possível das transformações democráticas.

Vamos adiante. Uma vez esclarecido o significado do governo provisório revolucionário e a relação do proletariado para com ele, surge a seguinte questão: seria permitida, e em que condições, a nossa participação nesse governo (ação a partir de cima)? Qual deve ser a nossa ação a partir de baixo? A resolução dá respostas precisas a ambas as questões. Ela declara de maneira decidida que, em princípio, a participação da social-democracia em um governo provisório revolucionário (em uma época da revolução democrática, em uma época da luta pela república) é *permitida*. Com essa declaração nós nos separamos indiscutivelmente tanto dos anarquistas, que por princípio respondem negativamente a essa questão, quanto dos rabeiristas[1] da social-democracia (tais como Martínov e os novo-iskristas), que tentavam nos *intimidar* com a perspectiva de uma situação em que essa participação poderia tornar-se necessária para nós. Com essa declaração, o III Congresso do POSDR rejeitou indiscutivelmente a ideia de um novo *Iskra*, segundo a qual a participação dos sociais-democratas no governo provisório revolucionário seria uma variedade do millerandismo e não seria permitida do ponto de vista dos princípios, por significar uma consagração da ordem burguesa etc.

Mas a questão de saber se, por princípio, é permitido não resolve ainda, evidentemente, a questão da conveniência prática. Em que condições esse novo tipo de luta, a luta a partir "de cima" aceita pelo congresso do partido, é conveniente? É evidente que agora não há possibilidade de falar de condições concretas, tais como correlação de forças etc., e a resolução, naturalmente, recusa uma definição prévia dessas condições. Nenhuma pessoa razoável se comprometerá, no momento presente, a prever qualquer coisa acerca da questão que nos interessa. Pode-se e deve-se definir o caráter e os objetivos da nossa participação. É o que faz a resolução, ao indicar os dois objetivos da participação: 1) luta implacável contra as tentativas contrarrevolucionárias; e 2) defesa dos interesses independentes da classe operária. Em um momento em que os burgueses liberais começam a falar com diligência sobre a psicologia da reação (conferir a muito instrutiva *Carta aberta* do sr. Struve no n. 71 da *Osvobojdiénie*), esforçando-se por intimidar o povo revolucionário e incitá-lo a concessões perante a autocracia; nesse momento, é particularmente oportuno que o partido do proletariado recorde a tarefa da verdadeira guerra contra a contrarrevolução. As grandes questões da liberdade política e da luta de classes são resolvidas, em última análise, apenas pela força, e nós devemos preocupar-nos com a organização e a preparação dessa força e com o seu emprego ativo, não somente defensivo mas também ofensivo. A

---

[1] Por vezes traduzido como "seguidista", de "seguidismo", concepção já relativamente estabelecida no vocabulário político, este termo deriva da palavra russa хвост, que significa "rabo", "cauda", "rabeira"; ele aparece pela primeira vez na literatura marxista por meio de Lênin, que o emprega para caracterizar a política e a prática que se utilizam da tática oportunista de "pegar rabeira nos acontecimentos". (N. R. T.)

prolongada época de reação política que impera na Europa, quase sem interrupção desde a Comuna de Paris, familiarizou-nos demasiadamente com a ideia da ação apenas "a partir de baixo", acostumou-nos demasiadamente a considerar a luta apenas defensiva. Entramos agora, sem dúvida, em uma nova época; iniciou-se um período de convulsões e revoluções políticas. Em um período como o que a Rússia está atravessando, é intolerável que nos limitemos aos velhos chavões. É preciso propagandear a ideia da ação a partir de cima; é preciso que nos preparemos para ações mais enérgicas, ofensivas; é preciso estudar as condições e as formas dessas ações. De tais condições, a resolução do congresso coloca duas em primeiro plano: uma refere-se ao aspecto formal da participação da social-democracia no governo provisório revolucionário (rígido controle do partido sobre os seus delegados); outra, ao próprio caráter dessa participação (não perder de vista, nem por um instante, os objetivos da completa revolução socialista).

Tendo, dessa maneira, esclarecido todos os aspectos da política do partido referente à ação "a partir de cima" – esse novo método de luta, quase nunca visto até agora –, a resolução prevê também o caso de não conseguirmos agir a partir de cima. Atuar no governo provisório revolucionário a partir de baixo é algo a que, em qualquer caso, estamos obrigados. Para exercer essa pressão a partir de baixo, o proletariado deve estar armado – pois, em um momento revolucionário, as coisas chegam de maneira especialmente rápida à guerra civil direta – e dirigido pela social-democracia. O objetivo dessa pressão armada é "a proteção, a consolidação e a ampliação das conquistas da revolução", ou seja, as conquistas que, do ponto de vista dos interesses do proletariado, devem consistir na efetivação de todo o nosso programa mínimo.

Com isso, terminamos o nosso breve exame da resolução do III Congresso sobre o governo provisório revolucionário. Como o leitor pode ver, essa resolução esclarece tanto o significado da nova questão, e a atitude do partido do proletariado em relação a ela, quanto a política do partido dentro do governo provisório revolucionário, bem como fora dele.

Vejamos agora a resolução correspondente da "conferência".

3
O QUE É "A VITÓRIA DECISIVA DA REVOLUÇÃO SOBRE O TSARISMO"?

A resolução da "conferência" é dedicada à questão da *conquista do poder e da participação no governo provisório*". A própria formulação da questão já é, como indicamos, confusa. Por um lado, a questão é colocada de modo estreito: fala-se apenas da nossa participação no governo provisório, e não, em geral, das tarefas do partido em relação ao governo provisório revolucionário. Por outro lado, confundem-se duas questões completamente diferentes: a nossa participação em uma das fases da revolução *democrática* e a revolução *socialista*. De fato, a "conquista do poder" pela social-democracia é justamente a revolução socialista e não pode ser nenhuma outra coisa se empregarmos essas palavras em seu significado direto e habitual. Mas, se as compreendermos no sentido da conquista do poder, não para a revolução socialista, mas para a democrática, que sentido tem falar não apenas de participação no governo provisório revolucionário mas também da "conquista do poder" em *geral*? Obviamente, nem os nossos "conferencistas" sabiam eles próprios muito bem de que falar propriamente: de revolução democrática ou de revolução socialista. Quem acompanhou a literatura sobre a questão sabe que foi o camarada Martínov quem deu início a essa confusão, nas suas famosas *Duas ditaduras*: foi a contragosto que os novo-iskristas se lembraram de como foi formulada a questão (antes ainda de 9 de janeiro) nessa obra-modelo do rabeirismo, mas sua influência ideológica sobre a conferência não oferece dúvidas.

Mas deixemos de lado o título da resolução. O seu conteúdo mostra-nos erros incomparavelmente mais profundos e graves. Eis sua primeira parte:

> A vitória decisiva da revolução sobre o tsarismo pode ser marcada seja pela constituição de um governo provisório surgido da insurreição popular vitoriosa, seja pela iniciativa revolucionária de tal ou qual instituição representativa

que decida, sob a pressão revolucionária direta do povo, organizar uma assembleia constituinte de todo o povo.

Assim nos dizem que a vitória decisiva da revolução sobre o tsarismo pode ser tanto a insurreição vitoriosa quanto... a decisão de uma instituição representativa de organizar uma assembleia constituinte! O que é isso? Como se dá? A vitória decisiva pode ser marcada pela "decisão" de organizar uma assembleia constituinte?? E tal "vitória" é colocada ao lado da constituição de um governo provisório "surgido da insurreição popular vitoriosa"!! A conferência não notou que a insurreição popular *vitoriosa* e a *constituição* de um governo provisório significam a vitória da revolução *na prática*, enquanto a "decisão" de organizar uma assembleia constituinte implica a vitória da revolução apenas *em palavras*.

A conferência dos mencheviques-novo-iskristas incorreu no mesmo erro em que incorrem constantemente os liberais, os membros da *Osvobojdiénie*. Estes lançam frases sobre a assembleia "constituinte", fechando os olhos de maneira envergonhada para a manutenção da força e do poder nas mãos do tsar, esquecendo-se de que para a "constituição" é preciso ter *força* para constituir. A conferência também se esqueceu de que entre a "decisão" de quaisquer representantes e o cumprimento dessa decisão há uma grande distância. A conferência também se esqueceu de que, enquanto o poder estiver nas mãos do tsar, quaisquer decisões de quaisquer representantes não passam de falatório vazio e patético, tal como se revelaram as "decisões" do parlamento de Frankfurt, famoso na história da Revolução Alemã de 1848. Marx, representante do proletariado revolucionário, na sua *Nova Gazeta Renana* fustigava com sarcasmos implacáveis os liberais de Frankfurt do tipo dos da *Osvobojdiénie*, justamente porque proferiam belos discursos, tomavam todos os tipos de "decisões" democráticas, "instituíam" todos os tipos de liberdades, mas, na prática, deixaram o poder nas mãos do rei, não organizaram a luta armada contra as forças militares que estavam à disposição do rei. E, enquanto os liberais de Frankfurt do tipo dos da *Osvobojdiénie* tagarelavam, o rei esperou o momento oportuno, consolidou as suas forças militares, e a contrarrevolução, apoiando-se na força real, esmagou os democratas com todas as suas adoráveis "decisões".

O QUE É "A VITÓRIA DECISIVA DA REVOLUÇÃO SOBRE O TSARISMO"? 47

A conferência equiparou a uma vitória decisiva aquilo que, precisamente, carece da condição decisiva para a vitória. Como puderam os sociais--democratas, que adotam o programa republicano do nosso partido, incorrer nesse erro? Para compreender esse estranho fenômeno, é preciso voltar à resolução do III Congresso sobre a parte que se separou do partido*. Nessa resolução, aponta-se a sobrevivência no nosso partido de diferentes tendências "afins do 'economismo'". Os nossos conferencistas (não é sem razão, com efeito, que se encontram sob a direção ideológica de Martínov) refletem sobre a revolução na mesmíssima linha que os "economistas" refletiam sobre a luta política ou a jornada de trabalho de oito horas. Os "economistas" estão agora impulsionando a sua "teoria dos estágios": 1) luta por direitos; 2) agitação política; 3) luta política; ou 1) jornada de trabalho de dez horas; 2) jornada de nove horas; 3) jornada de oito horas. Os resultados obtidos com essa "tática-processo" todos já conhecem muito bem. Agora estão propondo também dividir de antemão, e bem direitinho, a revolução em estágios: 1) o tsar convoca uma instituição representativa; 2) essa instituição representativa "decide", sob pressão do "povo", organizar a assembleia constituinte; 3) ... sobre o terceiro estágio, os mencheviques ainda não chegaram a um termo;

---

* Apresentamos o texto completo da resolução: "O congresso constata que no POSDR, desde a época da sua luta contra o 'economismo', se mantêm até hoje matizes que lhe são afins em diferentes graus e sentidos, matizes que se caracterizam por uma tendência geral para minimizar a importância dos elementos de consciência na luta proletária, subordinando esses elementos aos da espontaneidade. Na questão da organização, os representantes desses matizes expõem, em teoria, o princípio da organização-processo, princípio que não corresponde ao trabalho sistemático do partido, e, na prática, empregam em numerosos casos um sistema de fugas ao cumprimento da disciplina do partido, dirigindo em outros casos à parte menos consciente do partido as suas pregações em favor do emprego em grande escala do princípio de eleição, sem ter em conta as condições objetivas da realidade russa, e procuram minar as únicas bases possíveis, no presente, das ligações do partido. Nas questões de tática, dão provas da tendência para reduzir o alcance do trabalho do partido, manifestando-se contra a tática totalmente independente do partido em relação aos partidos burgueses liberais, negando ser possível e desejável para o nosso partido assumir o papel de organizador da insurreição popular, contra a participação do partido, em quaisquer condições, no governo provisório democrático-revolucionário. O congresso propõe a todos os membros do partido que desenvolvam por toda a parte uma enérgica luta ideológica contra semelhantes desvios parciais dos princípios da social-democracia revolucionária, mas, ao mesmo tempo, considera que a participação nas organizações do partido de pessoas que, em alguma medida, tenham aderido a semelhantes ideias é admissível com a condição indispensável de que aceitem os congressos e os estatutos partido e se submetam inteiramente à disciplina partidária". [Nota à edição de 1907.]

48 DUAS TÁTICAS DA SOCIAL-DEMOCRACIA NA REVOLUÇÃO DEMOCRÁTICA

esqueceram-se de que a pressão revolucionária do povo se encontra com a pressão contrarrevolucionária do tsarismo e que, por isso, ou a "decisão" permanece sem efetivação, ou mais uma vez o caso é decidido pela vitória ou pela derrota da insurreição popular. A resolução da conferência assemelha-se exatamente ao seguinte raciocínio dos "economistas": a vitória decisiva dos operários pode ser marcada seja pela efetivação revolucionária da jornada de trabalho de oito horas, seja pela concessão da jornada de dez horas e a "decisão" de passar à de nove... Exatamente a mesmíssima coisa.

Poderão refutar-nos, talvez, dizendo que os autores da resolução não se propunham *equiparar* a vitória da insurreição à "decisão" da instituição representativa convocada pelo tsar, que pretendiam somente prever a tática do partido em um ou outro caso. A isso responderemos: 1) o texto da resolução qualifica, de modo direto e inequívoco, de "vitória decisiva da revolução sobre o tsarismo" a *decisão* da instituição representativa. É possível que seja o resultado de uma redação descuidada; é possível que se possa corrigi-la, baseando-se nas atas – mas, enquanto não tiver sido corrigido, o sentido da redação só pode ser um, e esse sentido é inteiramente *osvobojdienista*. 2) A linha de raciocínio *osvobojdienista* em que caíram os autores da resolução transparece, com muito mais relevo, em outros escritos dos novo-iskristas. Por exemplo, no órgão do comitê de Tiblíssi, o *Sotsial-Demokrat* (publicado em georgiano; exaltado pelo *Iskra* no n. 100), no artigo "O *Ziémski Sobor* e a nossa tática"[1], chega-se mesmo a dizer que a "tática" que consiste em "escolher como centro da nossa atividade o *Ziémski Sobor*" (convocação da qual, acrescentamos por nossa conta, ainda não sabemos nada exatamente!) "*é mais vantajosa para nós*" do que a "tática" da insurreição armada e da constituição de um governo provisório revolucionário. Voltaremos mais adiante a esse artigo. 3) Não se pode ter nada contra a discussão prévia da tática do partido tanto no caso de uma vitória da revolução quanto no caso de sua derrota, tanto no caso de sucesso da insurreição quanto no caso de que a insurreição não seja capaz de se converter em uma força séria. É possível que

---

[1] O artigo "O Ziémski Sobor e a nossa tática" – publicado no n. 1 do *Sotsial-Demokrat* de 7 (20) de abril de 1905 – foi escrito por Noé Jordánia. No capítulo 7º deste volume, Lênin apresenta uma análise crítica desse artigo. (N. E. P. A.)

O QUE É "A VITÓRIA DECISIVA DA REVOLUÇÃO SOBRE O TSARISMO"? 49

o governo tsarista seja bem-sucedido em convocar uma assembleia representativa, a fim de estabelecer um acordo com a burguesia liberal. A resolução do III Congresso, prevendo isso, fala abertamente de "política hipócrita", de "pseudodemocracia", de "formas caricaturais de representação popular, tais como o assim chamado *Ziémski Sobor*"*. Mas o fato é que isso não é dito na resolução sobre o governo provisório revolucionário, pois isso nenhuma relação tem com o governo provisório revolucionário. Esse caso coloca de lado o problema da insurreição e da constituição do governo provisório revolucionário, modifica-o etc. Agora já não se trata de que sejam possíveis todas as espécies de combinações, de que sejam possíveis a vitória e a derrota, os caminhos diretos e os desvios; trata-se do fato de que é inadmissível que um social-democrata implante confusão na mente dos operários sobre o caminho de fato revolucionário, de que é inadmissível que, à moda dos osvobojdienistas, se chame de vitória decisiva aquilo que carece da condição *fundamental* da vitória. É possível que mesmo a jornada de oito horas, não a obtenhamos imediatamente, mas somente por um longo e tortuoso

---

* Eis o texto da resolução sobre a atitude em relação à tática do governo nas vésperas da revolução: "Levando em consideração que, para fins de autopreservação, o governo, no período revolucionário que atravessamos, intensificando as medidas de repressão habituais dirigidas de preferência contra os elementos conscientes do proletariado, ao mesmo tempo 1) tenta, mediante concessões e promessas de reformas, corromper politicamente a classe operária e, com isso, distraí-la da luta revolucionária; 2) com esse mesmo objetivo, reveste a sua política hipócrita de concessões com a roupagem de formas pseudodemocráticas, começando por convidar os operários para que elejam os seus representantes para as comissões e assembleias, e terminando com a criação de formas caricaturais de representação popular, tais como o assim chamado *Ziémski Sobor*; 3) organiza os assim chamados Cem-negros e lança contra a revolução todos os elementos do povo, em geral, reacionários, inconscientes e cegos pelo ódio de raça e de religião:

O III Congresso do POSDR resolve propor a todas as organizações do partido:

a) ao desmascarar os objetivos reacionários das concessões governamentais, sublinhar na propaganda e na agitação o seu caráter forçado, por um lado, e, por outro, a indiscutível impossibilidade da autocracia de conceder reformas que satisfaçam o proletariado;

b) aproveitando a campanha eleitoral, explicar aos operários o verdadeiro sentido de semelhantes medidas adotadas pelo governo e demonstrar que o proletariado deve convocar, pela via revolucionária, a assembleia constituinte na base do sufrágio universal, igual, direto e secreto;

c) organizar o proletariado para implantar imediatamente, pela via revolucionária, a jornada de oito horas, assim como para concretizar outras reivindicações imediatas da classe operária;

d) organizar a resistência armada contra as ações dos Cem-negros e de todos os elementos reacionários que agem, em geral, sob a direção do governo." [Nota à edição de 1907.]

caminho; todavia o que dirão vocês de uma pessoa que chame de vitória dos operários tal impotência, tal fraqueza do proletariado, sob as quais ele *não terá força* para impedir as morosidades, os adiamentos, as barganhas, a traição e a reação? É possível que a revolução russa termine por um "aborto constitucional", como disse em certa ocasião o *Vperiod**; mas poderá isso justificar que um social- democrata, em vésperas da luta decisiva, qualifique esse aborto de "vitória decisiva sobre o tsarismo"? É possível, se as coisas andarem mal, que não só não conquistemos a república, mas que mesmo a constituição que obtenhamos seja ilusória, "chipovista" , mas acaso se poderia perdoar um socialdemocrata que escamoteasse a nossa palavra de ordem republicana?

É claro que os novo-iskristas ainda não chegaram ao escamoteamento. Mas o fato de *terem se esquecido* na sua resolução precisamente de se referir à república mostra, com particular evidência, até que ponto se dissipou neles o espírito revolucionário, até que ponto a sua inclinação para os raciocínios mortos lhes ocultou as tarefas de combate do momento! É inverosímil, mas é um fato. Todas as palavras de ordem da social-democracia são confirmadas, repetidas, esclarecidas, detalhadas em diferentes resoluções da conferência, não se esquece sequer a eleição pelos operários nas empresas de delegados e deputados; mas não se encontrou ocasião para recordar a república na resolução sobre o governo provisório revolucionário. Falar da "vitória" da insurreição popular, da constituição de um governo provisório e não indicar a relação desses "passos" e atos com a conquista da república significa escrever uma resolução não para dirigir a luta do proletariado, mas para claudicar à cauda do movimento proletário.

O balanço: primeira parte da resolução: 1) não esclareceu minimamente a significação do governo provisório revolucionário do ponto de vista da luta pela república e da garantia de uma assembleia realmente de todo o povo e

---

* O jornal *Vperiod* começou a ser publicado em Genebra em janeiro de 1905, como órgão da fração bolchevique do partido. De janeiro a maio, apareceram dezoito números. A partir do mês de maio, começou a ser publicado o *Prolietári*, em lugar do *Vperiod*, como órgão central do POSDR, de acordo com a resolução do III Congresso do POSDR (esse congresso foi realizado em maio em Londres; os mencheviques não compareceram e organizaram a sua própria "conferência" em Genebra). [Nota à edição de 1907.]

realmente constituinte; 2) causou uma patente confusão na consciência democrática do proletariado, equiparando à vitória decisiva da revolução sobre o tsarismo um estado de coisas no qual ainda falta simplesmente a condição fundamental para uma verdadeira vitória.

4

A LIQUIDAÇÃO DA ESTRUTURA MONÁRQUICA E A REPÚBLICA

Passemos à parte seguinte da resolução:

> Tanto em um caso como no outro, essa vitória será o princípio de uma nova fase da época revolucionária. A tarefa que as condições objetivas do desenvolvimento social colocam de modo espontâneo para essa nova fase é a liquidação definitiva de todo o regime monárquico e de castas no processo da luta recíproca entre os elementos da sociedade burguesa politicamente emancipada pela efetivação de seus interesses sociais e pela posse direta do poder.
>
> Por isso, o governo provisório que assumisse a efetivação das tarefas dessa revolução, burguesa pelo seu caráter histórico, deveria, ao regular a luta recíproca entre as classes contrárias da nação que está se emancipando, não apenas impulsionar para a frente o desenvolvimento revolucionário mas também lutar contra os fatores que ameacem as bases da estrutura capitalista.

Detenhamo-nos no trecho que constitui uma parte independente da resolução. A ideia fundamental dos raciocínios que reproduzimos coincide com a exposta no ponto três da resolução congressual. Mas a comparação de ambas as resoluções nessa parte fará imediatamente saltar aos olhos a seguinte diferença radical entre elas. A resolução do congresso, depois de caracterizar em duas palavras a base econômico-social da revolução, dirige toda a sua atenção para a luta de classes, nitidamente definida por conquistas determinadas, e coloca em primeiro plano as tarefas de combate do proletariado. A resolução da conferência, depois de descrever a base econômico-social da revolução de modo extenso, nebuloso e confuso, fala de modo muito pouco claro da luta por conquistas precisas e deixa absolutamente na sombra as tarefas de combate do proletariado. A resolução da conferência fala da liquidação da antiga ordem no processo de uma luta recíproca dos elementos da sociedade. A resolução do congresso diz que nós, partido do proletariado, devemos efetuar essa liquidação, que somente a instauração da república democrática constitui a verdadeira liquidação, que devemos conquistar essa república, que lutaremos por ela e pela liberdade completa não só contra a autocracia mas também contra a burguesia quando esta pretenda (e certamente ela o fará) arrancar nossas conquistas. A resolução do congresso convoca para a luta uma determinada classe, por um objetivo imediato, determinado de maneira precisa. A resolução da conferência reflete sobre a luta recíproca das diferentes forças. Uma resolução exprime a psicologia da luta ativa; outra, a da contemplação passiva; uma está impregnada de apelos à atividade viva, outra, de raciocínios mortos. Ambas as resoluções declaram que a revolução em curso representa, para nós, apenas um primeiro passo, depois do qual se seguirá o segundo; mas uma das resoluções tira daí a conclusão de que é preciso ultrapassar com mais rapidez esse primeiro passo, com a maior rapidez, liquidá-lo, conquistar a república, esmagar implacavelmente a contrarrevolução e preparar o terreno para o segundo passo. Já a outra resolução, por assim dizer, espraia-se em descrições prolixas desse primeiro passo e (perdoem a expressão vulgar) masturba suas ideias a esse respeito. A resolução do congresso toma as velhas e eternamente novas ideias do marxismo (sobre o caráter burguês da revolução democrática) como prólogo ou primeira premissa para tirar conclusões sobre as tarefas avançadas da classe avançada, que luta tanto pela revolução democrática como pela revolução socialista. A resolução da conferência não vai além do prólogo, ruminando-o e filosofando a seu respeito.

Essa diferença é exatamente a que há muito tempo divide os marxistas russos em duas alas: a conciliadora e a combativa nos tempos idos do marxismo legal, as alas econômica e política na época do movimento de massas que se iniciava. Da premissa acertada do marxismo sobre as profundas raízes econômicas da luta de classes em geral e da luta política em particular, os "economistas" tiravam a conclusão singular de que deveríamos voltar as costas à luta política e suster o seu desenvolvimento, reduzir o seu alcance, minimizar as suas tarefas. Os políticos, ao contrário, extraíam das mesmas premissas outra conclusão, a saber: que, quanto mais profundas forem agora as raízes da nossa luta, de modo mais vasto, mais corajoso, mais decidido, com maior iniciativa deveremos travar essa luta. Em outras circunstâncias, com uma forma modificada, ainda hoje nos encontramos diante do mesmo debate. Das premissas de que a revolução democrática ainda não é de modo algum socialista, de que de modo algum "interessa" somente aos despossuídos, de que as suas raízes profundíssimas se encontram nas necessidades e nas exigências inevitáveis de *toda* a sociedade burguesa em conjunto; dessas premissas, tiramos a conclusão de que a classe avançada deve estabelecer as suas tarefas democráticas de modo ainda mais corajoso, deve acordá-las de modo ainda mais incisivo até o fim, expor a palavra de ordem direta de república, propagandear a ideia da necessidade de um governo provisório revolucionário e da necessidade de esmagar implacavelmente a contrarrevolução. E os nossos contraditores, os novo-iskristas, tiram dessas mesmas premissas a conclusão de que não se deve levar até ao fim o acordo das conclusões democráticas, de que entre as palavras de ordem práticas não se deve expor a da república, de que se pode não propagandear a ideia da necessidade de um governo provisório revolucionário, de que se pode chamar de vitória decisiva até a resolução de convocar uma assembleia constituinte, de que se pode não defender a palavra de ordem de combate à contrarrevolução como nossa tarefa ativa, mas afundá-la numa alusão nebulosa (e formulada de maneira errada, como veremos mais adiante) ao "processo de luta recíproca". Essa não é a língua dos dirigentes políticos, mas a de auxiliares de arquivo!

E, quanto mais atentamente vocês examinarem as diferentes fórmulas da resolução dos novo-iskristas, com tanto mais evidência surgirão diante de vocês as particularidades fundamentais ora indicadas. Dizem-nos, por exemplo, sobre o "processo de luta recíproca entre os elementos da sociedade burguesa politicamente emancipada". Recordando o tema do qual tratou a resolução (governo provisório revolucionário), perguntamos com perplexidade: se se fala de processo de luta recíproca, como é possível se calar sobre os elementos que politicamente *escravizam* a sociedade burguesa? Estariam os conferencistas pensando que, pelo fato de terem suposto a vitória da revolução, esses elementos já desapareceram? Semelhante ideia seria absurda e, em geral, a expressão da mais grandiosa ingenuidade política e, em particular, de miopia política. Depois da vitória da revolução sobre a contrarrevolução, esta não desaparecerá, mas, pelo contrário, iniciará inevitavelmente uma nova luta ainda mais desesperada. Ao consagrar a nossa resolução à análise das tarefas para a vitória da revolução, somos obrigados a dedicar grande atenção às tarefas de repelir a ofensiva contrarrevolucionária (como se faz na resolução do congresso) e não afogar essas tarefas políticas imediatas, essenciais e candentes de um partido combativo em raciocínios gerais a propósito do que haverá *depois* da atual época revolucionária, do que haverá quando nos encontrarmos já em uma "sociedade politicamente *emancipada*". Do mesmo modo que os "economistas" encobriam a sua incompreensão das tarefas políticas candentes com alusões às verdades gerais sobre a subordinação da política à economia, os novo-iskristas, remetendo-se às verdades gerais sobre a luta no interior da sociedade politicamente *emancipada*, encobrem a sua incompreensão das tarefas revolucionárias candentes de *emancipação* política desta sociedade.

Tomem a expressão: "liquidação definitiva de todo o regime monárquico e de castas". Na língua russa, liquidação definitiva da estrutura monárquica quer dizer instituição da república democrática. Mas, para o nosso bom Martínov e seus admiradores, essa expressão parece demasiadamente simples e clara. Eles querem, sem dúvida, "aprofundar" e falar de modo "mais inteligente". Por um lado, obtêm-se tentativas ridículas de profundidade. Já por outro, em vez de uma palavra de ordem, obtém-se uma descrição; em vez de um chamado enérgico para ir adiante, algum tipo de olhar melancólico para trás. Não temos diante de nós pessoas vivas que querem lutar agora mesmo, sem demora, pela república, mas algum tipo de múmias petrificadas que *sub specie aeternitatis* examinam a questão do ponto de vista *plusquam-perfectum*[1].

Vamos adiante: "O governo provisório [...] que assumisse a efetivação das tarefas dessa revolução burguesa". Eis que aqui logo se vê que nossos conferencistas desprezaram uma questão concreta que surge diante dos dirigentes políticos do proletariado. A questão concreta do governo provisório revolucionário sobrepôs-se, no seu campo visual, à questão da futura

---

[1] *Sub specie aeternitatis*: do ponto de vista da eternidade. *Plusquam-perfectum*: mais-que-perfeito. (N. E. P.)

série de governos que efetivarão as tarefas da revolução burguesa em geral. Se desejarem examinar a questão "historicamente", o exemplo de qualquer país europeu lhes mostrará que justamente uma série de governos, de modo nenhum "provisórios", efetivaram as tarefas históricas da revolução burguesa, que mesmo governos que tinham vencido a revolução se viram, ainda assim, forçados a realizar as tarefas históricas dessa revolução vitoriosa. Mas o que se chama "governo provisório revolucionário" não é de modo algum esse de que falam: assim se chama um governo de uma época revolucionária, que substitui diretamente o governo derrubado e se apoia na insurreição do povo, não em instituições representativas surgidas do povo. O governo provisório revolucionário é um órgão da luta pela vitória imediata da revolução, que deve rechaçar imediatamente as tentativas contrarrevolucionárias; não é, de modo algum, um órgão de efetivação das tarefas históricas da revolução burguesa em geral. Senhores, deixemos que os futuros historiadores da futura *"Rússkaia Stariná"* definam quais tarefas da revolução burguesa foram efetivadas por nós ou por um e outro governo – isso poderá ser feito em coisa de trinta anos; do que doravante precisamos é de palavras de ordem e indicações práticas para a luta pela república e para a participação mais enérgica do proletariado nessa luta.

Por essas razões, as últimas disposições da resolução que reproduzimos também não são satisfatórias. É uma expressão muito infeliz ou, no mínimo, desastrada essa de que o governo provisório deveria "regular" a luta das classes opostas: os marxistas não deveriam empregar tal fórmula liberal- osvobojdienista, que dá margem a pensar que é possível um governo que sirva não de órgão da luta de classes, mas de seu "regulador"... O governo deveria "não apenas impulsionar para a frente o desenvolvimento revolucionário mas também lutar contra os fatores que ameacem as bases da estrutura capitalista". Esse "fator" é exatamente aquele mesmo proletariado em nome do qual fala a resolução! Em vez de indicar precisamente como o proletariado deve, num dado momento, "impulsionar para a frente o desenvolvimento revolucionário" (impulsioná-lo mais além do que pretenderia levá-lo a burguesia constitucionalista), em vez do conselho de preparar-se de determinada maneira para a luta contra a burguesia quando esta se voltar contra as conquistas da revolução, em vez disso, dá-nos uma descrição geral do processo, que nada diz sobre as tarefas concretas da nossa atuação. O modo de exposição das suas ideias pelos novo-iskristas recorda a opinião de Marx (nas suas famosas "teses" sobre Feuerbach) acerca do velho materialismo, alheio à ideia da dialética. Os filósofos apenas *interpretaram* o mundo de diversas maneiras – dizia Marx –, mas do que se trata é de *transformá-lo*[2]. Do mesmo modo, os novo-iskristas podem descrever e explicar menos mal o processo de luta que se desenrola sob os seus olhos, mas são absolutamente incapazes de dar uma palavra de ordem justa nessa luta. Marchando de modo diligente, mas dirigindo mal, rebaixam a interpretação materialista da história em sua ignorância do papel ativo, dirigente e orientador que podem e devem desempenhar na história os partidos conscientes das condições materiais da revolução e que se coloquem na dianteira das classes avançadas.

---

[2] Trata-se da obra de Karl Marx "Teses sobre Feuerbach" [ed. bras.: *A ideologia alemã*, trad. Rubens Enderle, Nélio Schneider, Luciano Cavini Martorano, São Paulo, Boitempo, 2007, p. 533-5]. (N. E. P.)

5
COMO SE DEVE "IMPULSIONAR A REVOLUÇÃO PARA A FRENTE"?

Citemos a passagem seguinte da resolução:

> Em tais condições, a social-democracia deve se esforçar por conservar, durante todo o curso da revolução, uma posição tal que melhor lhe garanta a possibilidade de impulsionar a revolução para a frente, não lhe amarre as mãos na luta contra a política inconsequente e interessada dos partidos burgueses e a proteja contra a sua diluição na democracia burguesa.
>
> Por isso a social-democracia não deve estabelecer para si como objetivo conquistar ou compartilhar o poder no governo provisório, mas deve continuar a ser o partido da extrema oposição revolucionária.

O conselho de ocupar uma posição que melhor garanta a possibilidade de impulsionar a revolução nos é bastante caro. Desejaríamos apenas que, além desse bom conselho, houvesse indicações diretas de como, justamente agora, na situação política dada, numa época de boatos, suposições, tagarelices e projetos de convocação dos representantes do povo, a social-democracia deve impulsionar a revolução para a frente. Poderia agora impulsionar a revolução para a frente quem não compreende o perigo da teoria osvobojdienista do "acordo" do povo com o tsar, quem qualifica de vitória a mera "decisão" de convocar a assembleia constituinte, quem não se põe como tarefa a propaganda ativa da ideia da necessidade de um governo provisório revolucionário, quem relega à sombra a palavra de ordem de república democrática? Essas pessoas, na realidade, *impulsionam a revolução para trás*, porque, na relação *política prática*, detiveram-se no nível da posição *osvobojdienista*. Que valor pode ter a sua aceitação de um programa que demanda a substituição da autocracia pela república se, na resolução tática que define as tarefas atuais e imediatas do partido no momento revolucionário, falta a palavra de ordem de luta pela república? Pois é justamente a posição osvobojdienista, a posição da burguesia constitucionalista, que se caracteriza de fato pela decisão de convocar a assembleia constituinte nacional, considerada uma vitória decisiva, enquanto, com prudência, se cala sobre o governo provisório revolucionário e a república! Para impulsionar a revolução *adiante*, isto é, para além do limite até o qual a impulsiona a burguesia monárquica, é preciso apresentar ativamente, sublinhar e colocar em primeiro plano palavras de ordem que *excluam* a "inconsequência" da democracia burguesa. No presente momento, tais palavras de ordem são *apenas duas*: 1) governo provisório revolucionário e 2) república, porque a palavra de ordem de assembleia constituinte nacional *foi aceita* pela burguesia monárquica (conferir o programa da "União de Libertação") e foi aceita justamente para escamotear a revolução, para não permitir a vitória completa da revolução, segundo os interesses de uma transação mercantil entre a grande burguesia e o tsarismo. E vemos que a conferência, dessas duas palavras de ordem, as únicas capazes de impulsionar a revolução adiante, se esqueceu completamente da palavra de ordem da república; já a palavra de ordem do governo provisório revolucionário equiparou-se diretamente à palavra de ordem osvobojdienista de assembleia constituinte nacional, qualificando de "vitória decisiva da revolução" tanto uma quanto a outra!

Sim, tal é o fato indubitável que, estamos certos, servirá de marco para o futuro historiador da social-democracia russa. Uma conferência de sociais-democratas de maio de 1905 adota uma resolução que fala com belas palavras da necessidade de impulsionar a revolução democrática adiante e que, na prática, a impulsiona para trás, que, na prática, não vai além das palavras de ordem democráticas da burguesia monárquica.

Os novo-iskristas amam nos acusar de ignorar o perigo da diluição do proletariado na democracia burguesa. Mas gostaríamos de ver quem se atreveria a demonstrar essa acusação com base no texto das resoluções aprovadas pelo III Congresso do POSDR. Responderemos aos nossos adversários: a social-democracia, que atua no terreno da sociedade burguesa, não pode participar na política sem andar, em um ou outro caso isolado, *ao lado* da democracia burguesa. A diferença entre nós e vocês é que, quanto a isso, nós caminhamos ao lado da burguesia revolucionária e republicana sem nos

COMO SE DEVE "IMPULSIONAR A REVOLUÇÃO PARA A FRENTE"? 61

fundirmos com ela, já vocês caminham ao lado *da burguesia liberal e monárquica*, também sem se fundir com ela. *Tal é o caso.*

As palavras de ordem táticas de vocês, formuladas em nome da conferência, *coincidem* com as palavras de ordem do partido "constitucionalista--democrata", ou seja, *do partido da burguesia monárquica*; além do mais, vocês não notaram, não se deram conta dessa coincidência; dessa maneira, foram, de fato, parar *na cauda dos osvobojdienistas.*

As nossas palavras de ordem táticas, formuladas em nome do III Congresso do POSDR, coincidem com as da burguesia democrático-revolucionária e republicana. Tal burguesia e pequena-burguesia não formaram ainda um grande partido popular na Rússia*, mas duvidar da existência dos elementos de tal partido podem apenas aqueles que não têm nenhuma ideia do que se passa atualmente na Rússia. Temos a intenção de dirigir (no caso de um curso bem-sucedido da grande revolução russa) não somente o proletariado, organizado pelo partido social-democrata, mas também essa pequena burguesia capaz de caminhar ao nosso lado.

A conferência, na sua resolução, *rebaixa-se* inconscientemente até o nível da burguesia liberal e monárquica. O congresso do partido, com a sua resolução, *eleva* conscientemente até o seu nível os elementos da democracia revolucionária capazes de lutar, não de fazer corretagem.

Tais elementos são mais comuns entre o campesinato. Sem cometer um grande erro ao classificar os grandes grupos sociais segundo as suas tendências políticas, podemos identificar a democracia revolucionária e republicana com a massa do campesinato, evidentemente no mesmo sentido e com as mesmas reservas e as condições subentendidas por meio das quais se pode identificar a classe operária com a social-democracia. Podemos, em outras palavras, formular as nossas conclusões também do seguinte modo: a conferência, com as suas palavras de ordem *políticas de âmbito nacional***, no

---

* Os "socialistas revolucionários" são mais um grupo terrorista de intelectuais do que o embrião desse partido, apesar de o significado objetivo da atividade desse grupo consistir, justamente, na realização das tarefas da burguesia revolucionária e republicana.

** Não falamos das palavras de ordem especiais para o campesinato, às quais são dedicadas resoluções particulares.

momento revolucionário, *rebaixa-se* inconscientemente *até o nível da massa dos latifundiários.* O congresso do partido, com as suas palavras de ordem políticas de âmbito nacional, *eleva a massa dos camponeses até o nível revolucionário.* A quem nos acuse, por essa conclusão, de propensão ao paradoxo, lançamos um desafio: se não tivermos forças para levar a revolução até o fim, se a revolução *terminar* com uma "vitória decisiva" compreendida à moda osvobojdienista, unicamente na forma de uma assembleia representativa convocada pelo tsar – à qual só por troça se poderia chamar constituinte –, então isso será uma revolução com o predomínio dos elementos *latifundiários e da grande burguesia.* Do contrário, se estivermos destinados a viver uma revolução efetivamente grande, se desta vez a história não permitir um "aborto", se tivermos forças para levar a revolução até o fim, até a vitória decisiva – não no sentido que dão a essa palavra os osvobojdienistas e os novo-iskristas –, então isso será uma revolução na qual predominarão os elementos camponeses e proletários.

É possível que alguns vejam nessa predominância a renúncia à nossa convicção sobre o caráter burguês da próxima revolução? É muito possível, se tivermos em conta, além do mais, o abuso que se faz desse conceito no *Iskra.* Por isso será bastante útil nos determos nessa questão.

6

DE ONDE VEM O PERIGO QUE ENFRENTA O PROLETARIADO POR ESTAR DE MÃOS ATADAS NA LUTA CONTRA A BURGUESIA INCONSEQUENTE?

Os marxistas estão absolutamente convencidos do caráter burguês da revolução russa. O que isso significa? Significa que as transformações democráticas na estrutura política e as transformações socioeconômicas, que se converteram numa necessidade para a Rússia, não só não implicam por si minar o capitalismo, minar o domínio da burguesia, mas, pelo contrário, pela primeira vez, pavimentarão o terreno para um desenvolvimento amplo e rápido do capitalismo europeu, e não asiático, e, pela primeira vez, tornarão possível o domínio da burguesia como classe. Os socialistas-revolucionários não podem compreender essa ideia porque desconhecem o abecedário das leis do desenvolvimento da produção mercantil e capitalista, não veem que mesmo o pleno sucesso da insurreição camponesa, a redistribuição de toda a terra segundo os interesses dos camponeses e de acordo com os seus desejos ("partilha negra" ou qualquer coisa do gênero) não destruiria de forma alguma o capitalismo – antes, pelo contrário, daria impulso ao seu desenvolvimento e aceleraria a diferenciação de classe entre os próprios camponeses. A incompreensão dessa verdade faz dos socialistas-revolucionários ideólogos inconscientes da pequena burguesia. Insistir nessa verdade tem um enorme significado para a social-democracia, não só teórica, mas também política e prática, pois daqui decorre a obrigatoriedade da completa independência de classe do partido do proletariado no presente movimento "democrático geral".

Mas disso não decorre, de forma alguma, que a revolução *democrática* (burguesa pelo seu conteúdo socioeconômico) não seja de *enorme* interesse para o proletariado. Disso não decorre, de maneira nenhuma, que a revolução democrática não possa se processar tanto de uma forma vantajosa, principalmente para o grande capitalista, para o magnata financeiro, para o latifundiário "esclarecido", como de uma forma vantajosa para o camponês e para o operário.

Os novo-iskristas interpretam de modo radicalmente errado o sentido e o significado da categoria "revolução burguesa". Em seus raciocínios transparece constantemente a ideia de que a revolução burguesa é uma revolução que só pode dar aquilo que beneficia a burguesia. E, entretanto, não há nada mais errado do que tal ideia. A revolução burguesa é uma revolução que não ultrapassa o quadro da estrutura socioeconômica burguesa, ou seja, capitalista. A revolução burguesa exprime as necessidades do desenvolvimento do capitalismo, não só não destruindo as suas bases, mas, pelo contrário, alargando-as e aprofundando-as. Essa revolução exprime, portanto, não apenas os interesses da classe operária mas também os de toda a burguesia. Uma vez que o domínio da burguesia sobre a classe operária é inevitável sob o capitalismo, pode-se dizer, com pleno direito, que a revolução burguesa exprime os interesses não tanto do proletariado quanto da burguesia. Mas é completamente absurda a ideia de que a revolução burguesa não exprime em nenhuma medida os interesses do proletariado. Essa ideia ridícula se reduz ou à velha teoria narodinista de que a revolução burguesa é contrária aos interesses do proletariado e de que não temos necessidade, portanto, da liberdade política burguesa, ou essa ideia se reduz ao anarquismo, que nega qualquer participação do proletariado na política burguesa, na revolução burguesa, no parlamentarismo burguês. Esse pensamento, teoricamente, representa em si o esquecimento das posições elementares do marxismo relativas à inevitabilidade do desenvolvimento do capitalismo sobre o solo da produção mercantil. O marxismo ensina que uma sociedade fundada na produção mercantil e que tenha relações de troca com as nações capitalistas civilizadas, em um determinado estágio, toma ela própria, inevitavelmente, o caminho do capitalismo. O marxismo rompeu irremissivelmente com as elucubrações dos narodinistas e anarquistas, segundo as quais a Rússia, por exemplo, poderia evitar o desenvolvimento capitalista, escapar do capitalismo ou saltar por cima dele por algum caminho que não o da luta de classes no terreno e dentro dos limites desse mesmo capitalismo.

Todas essas posições do marxismo foram demonstradas e repetidas em todos os detalhes, tanto em geral como particularmente em relação à Rússia. E dessas teses deduz-se que é uma ideia *reacionária* procurar a salvação da classe operária em alguma coisa que não seja o desenvolvimento do capitalismo. Em tais países, como a Rússia, a classe operária sofre não tanto do capitalismo como da insuficiência de desenvolvimento do capitalismo. Por isso a classe operária está absolutamente interessada no mais amplo, mais livre e mais rápido desenvolvimento do capitalismo. É absolutamente vantajosa, para a classe operária, a eliminação de todos os remanescentes do passado que impedem tal desenvolvimento. A revolução burguesa é justamente a que mais decididamente varre os remanescentes do passado de servidão (a esses remanescentes pertencem não só a autocracia mas também a monarquia) e garante, do modo mais completo, o desenvolvimento mais amplo, mais livre e mais rápido do capitalismo.

Por isso, a revolução burguesa é vantajosa no mais alto grau para o proletariado; é absolutamente necessária para os interesses do proletariado. Quanto mais completa e decidida, quanto mais consequente ela for, tanto mais garantida estará a luta do proletariado contra a burguesia pelo socialismo. Essa conclusão só pode parecer nova, estranha ou paradoxal para os que ignoram o abecedário do socialismo científico. E dessa conclusão, entre outras, decorre a posição de que, *em certo sentido*, a revolução burguesa é *mais vantajosa* para o proletariado do que para a burguesia. E é justamente nesse sentido que essa posição é correta: é vantajoso para a burguesia apoiar-se em alguns dos reminiscentes do passado contra o proletariado – por exemplo, na monarquia, no exército permanente etc. É vantajoso para a burguesia que a revolução burguesa não varra de maneira demasiado ousada todos os vestígios do passado, mas conserve alguns deles, ou seja, que essa revolução não seja inteiramente consequente, não vá até o fim, não seja decidida e implacável. Os sociais-democratas expressam com frequência esse pensamento de modo um pouco diferente, dizendo que a burguesia trai a si mesma, que a burguesia trai a causa da liberdade, que a burguesia é incapaz de um espírito democrático consequente. É mais vantajoso para a burguesia que as transformações necessárias no sentido democrático-burguês transcorram de maneira mais lenta, mais gradual, mais cuidadosa, menos decidida, pelo caminho das reformas e não pelo caminho da revolução; que essas transformações sejam o mais cuidadosas possível em relação às "veneráveis" instituições do regime de servidão (tais como a monarquia); que essas transformações desenvolvam o menos possível a atividade independente, a iniciativa e a energia revolucionárias das pessoas comuns, ou seja, do campesinato e, sobretudo, dos operários, pois, de outro modo, será mais fácil aos operários "mudar a espingarda de um ombro para o outro", como dizem os franceses, isto é, dirigir contra a própria burguesia a arma que a revolução burguesa lhes fornecer, a liberdade que esta lhes der, as instituições democráticas que surgirem em um terreno limpo de servidão.

Em contrapartida, é mais vantajoso para a classe operária que as transformações necessárias no sentido democrático-burguês transcorram justamente não pelo caminho das reformas, mas pelo caminho revolucionário, pois o caminho de reformas é o das delongas, das protelações, do definhamento e da morte dolorosa e lenta das partes apodrecidas do organismo popular. O proletariado e o campesinato são os que mais sofrem com esse apodrecimento. O caminho revolucionário é o da operação mais rápida e menos dolorosa para o proletariado, da eliminação direta das partes apodrecidas, da complacência e da cautela mínimas em relação à monarquia e às suas correspondentes instituições repugnantes e nefastas, podres e que infectam o ar.

Eis por que a nossa imprensa liberal burguesa, não só por razões de censura, não só por medo, deplora a possibilidade de um caminho revolucionário, teme a revolução, assusta o tsar com a revolução, procura evitar a revolução, humilha-se e curva-se para obter reformas mesquinhas como base da via reformista. Defendem esse ponto de vista não só o *Rússkie Viédomosti*, o *Sin Otétchestva*, o *Nacha Jizn*, o *Náchi Dni* mas também a ilegal e livre *Osvobojdiénie*. A própria situação da burguesia, como classe na sociedade capitalista, gera inevitavelmente a sua inconsequência na revolução democrática. A própria situação do proletariado, como classe, obriga-o a ser um democrata consequente. A burguesia, temendo o progresso democrático que ameaça fortalecer o proletariado, olha para trás. O proletariado não tem nada a perder além de seus grilhões, mas, com a ajuda da democracia, tem o mundo inteiro a ganhar[1]. Por isso, quanto mais consequente for a revolução burguesa nas suas transformações democráticas, tanto menos se limitará ao que é vantajoso exclusivamente para a burguesia. Quanto mais consequente for a revolução burguesa, tanto mais garantirá as vantagens do proletariado e do campesinato na revolução democrática.

O marxismo ensina o proletário a não se afastar da revolução burguesa, a não ser indiferente em relação a ela, a não conceder a direção à burguesia – ao contrário, ensina a participar dela do modo mais enérgico, a lutar do modo mais decisivo pelo democratismo proletário consequente para levar até o fim a revolução. Não podemos ultrapassar os limites democrático-burgueses da revolução russa, mas podemos ampliar esses limites em proporções colossais; podemos e devemos, dentro desses limites, lutar pelos interesses do proletariado, pela satisfação das suas necessidades imediatas e pelas condições que tornarão possível preparar as suas forças para a futura e plena vitória. Há a democracia burguesa e a democracia burguesa. O monarquista dos *zemstvos*, partidário de uma câmara alta, que "reivindica" o sufrágio universal enquanto em segredo, na surdina, fecha um acordo com o tsarismo para obter uma constituição mutilada, é um democrata burguês. E o camponês que, com as armas na mão, ergue-se contra os latifundiários e os funcionários e, com um "republicanismo ingênuo", propõe "enxotar o tsar"* é também um democrata burguês. Há ordens democrático-burguesas tais como na Alemanha e tais como na Inglaterra; tais como na Áustria e tais como na América ou na Suíça. Seria um belo marxista aquele que, na época da revolução democrática, deixasse escapar essa diferença entre os estágios de democratismo e entre o caráter distinto de uma ou outra das suas formas e se limitasse a "filosofar espertamente" a propósito de que, no fim de contas, isto é uma "revolução burguesa", fruto de uma "revolução burguesa".

E os nossos novo-iskristas representam justamente tais filósofos sabichões que se vangloriam da sua miopia. Simplesmente se limitam a discorrer

---

[1]   Referência ao *Manifesto Comunista* [ed. bras.: trad. Álvaro Pina e Ivana Jinkings, São Paulo, Boitempo, 2010, p. 69]. (N. E.)

*   Ver *Osvobojdiénie*, n. 71, p. 337, nota 2.

sobre o caráter burguês da revolução, quando o que é necessário é saber estabelecer uma diferença entre a democracia burguesa republicano-revolucionária e a monárquico-liberal, sem falar já da diferença entre o democratismo burguês inconsequente e o proletário consequente. Contentam-se como se se tivessem convertido verdadeiramente em "pessoas num estojo"[2] com conversas melancólicas sobre o "processo de luta recíproca entre as classes opostas", quando se trata é de dar uma *direção democrática* à presente revolução, de sublinhar as palavras de ordem *democráticas avançadas*, em contraste com as palavras de ordem traidoras do sr. Struve e cia. de indicar, de modo claro e preciso, as tarefas imediatas da luta realmente revolucionária do proletariado e do campesinato, em contraste com a corretagem liberal dos latifundiários e donos de fábricas. Nisto consiste, agora, a essência da questão que vocês, senhores, deixaram passar: em que a nossa revolução termine numa verdadeira e grandiosa vitória ou num compromisso mesquinho, em que chegue à ditadura revolucionária democrática do proletariado e do campesinato ou que "esvazie suas forças" em uma constituição liberal-chipovista!

À primeira vista pode parecer que, ao colocarmos essa questão, estamos afastando-nos completamente do nosso tema. Mas pode parecê-lo somente à primeira vista. Na verdade, é justamente nessa questão que se encontra a raiz da divergência de princípio que já se desenhou completamente entre a tática social-democrata do III Congresso do Partido Operário Social-Democrata da Rússia e a tática estabelecida na conferência dos novo-iskristas. Estes últimos já deram não dois, mas três passos para trás, ressuscitando os erros do "economismo" na solução de questões incomparavelmente mais complexas, mais importantes e mais vitais para o partido operário da sua tática no momento da revolução. Eis por que é fundamental nos determos com toda a atenção na avaliação da questão colocada.

Na parte da resolução dos novo-iskristas que citamos, está indicado o perigo de que a social-democracia ate as próprias mãos na luta contra a polí-

---

[2] Referência à personagem de um conto de Anton Pávilovitch Tchékhov que caracteriza o tipo do pequeno-burguês medíocre, que tem medo de tudo o que é novo, bem como de qualquer iniciativa. Vertido para o português como "Homem num estojo", em *A dama do cachorrinho e outros contos*, trad. Boris Schnaiderman, São Paulo, Editora 34, 1999. (N. E. P. A.)

tica inconsequente da burguesia, de que se dilua na democracia burguesa. A ideia desse perigo perpassa como um fio vermelho toda a literatura especificamente novo-iskrista e é o verdadeiro eixo de toda a posição de princípio na cisão do nosso partido (desde que os elementos da contenda mesquinha de tal cisão foram completamente relegados para o último plano diante dos elementos de giro para o "economismo"). E nós reconhecemos, sem quaisquer rodeios, que esse perigo de fato existe, que justamente agora, no auge da revolução russa, esse perigo assumiu um caráter particularmente sério. A todos nós, teóricos, ou – sobre mim, preferiria dizer – publicistas da social-democracia, cabe a tarefa inadiável e extraordinariamente responsável de analisar *a partir de que lado*, na verdade, esse perigo ameaça. Isso porque a origem da nossa divergência se encerra não no debate sobre existir ou não tal perigo, mas no debate sobre ser este causado pelo assim chamado rabeirismo da "minoria" ou pelo chamado revolucionarismo da "maioria".

Para eliminar falsas interpretações e mal-entendidos, assinalamos, em primeiro lugar, que o perigo a que nos referimos reside não no aspecto subjetivo, mas no aspecto objetivo da questão; não na posição formal que a social-democracia venha a ocupar na luta, mas no desenlace material de toda a luta revolucionária em curso. A questão não consiste em saber se tais ou quais grupos sociais-democratas vão diluir-se na democracia burguesa, se terão consciência de que se diluem – não é disso que se trata. Não temos suspeitas de que algum social-democrata manifeste semelhante desejo, e de modo nenhum se trata, aqui, de desejos. A questão não consiste também em saber se tais ou quais grupos sociais-democratas conservarão a sua independência, a sua individualidade, a sua autonomia formais em relação à democracia burguesa em todo o curso da revolução. Eles poderão não só proclamar essa "independência", mas também mantê-la formalmente; entretanto, *as coisas podem sair de tal maneira* que se encontrem de mãos atadas na luta contra a inconsequência da burguesia. O resultado político definitivo da revolução pode ser que, mesmo com a "independência" formal, apesar da plena individualidade organizacional partidária da social-democracia, ela, na prática, não seja independente, não tenha forças para imprimir sua marca de independência proletária no curso dos acontecimentos, que se mostre tão fraca que, em geral e de conjunto, no fim de contas, no balanço final, a sua "diluição" na democracia burguesa seja, apesar de tudo, um fato histórico.

Eis aqui no que consiste o perigo real. E vejamos agora de que lado ele ameaça: se do lado do desvio à direita da social-democracia, personificado no novo *Iskra*, como pensamos nós, ou se do lado de seu desvio à esquerda, personificado pela "maioria", pelo *Vperiod* etc., como pensam os novo-iskristas.

A solução dessa questão, como já indicamos, será determinada pela combinação objetiva da ação de diferentes forças sociais. O caráter dessas forças foi determinado, no plano teórico, pela análise marxista da realidade russa, e agora é determinado, no plano prático, pela ação aberta dos grupos e das classes no curso da revolução. Ora, toda a análise teórica efetuada pelos marxistas muito antes da época que atravessamos e todas as observações práticas sobre o desenvolvimento dos acontecimentos revolucionários mostram-nos que são possíveis, do ponto de vista das condições objetivas, dois cursos e dois resultados da revolução na Rússia. A transformação da estrutura econômica e política da Rússia no sentido democrático-burguês é inevitável e inelutável. Não há força no mundo capaz de impedir essa transformação. Mas da combinação da ação das forças existentes pode-se obter dois resultados ou duas formas dessa transformação. Das duas, uma: 1) ou as coisas terminarão com a "vitória decisiva da revolução sobre o tsarismo", ou 2) não haverá forças suficientes para a vitória decisiva, e as coisas terminarão por um acordo entre o tsarismo e os elementos mais "inconsequentes" e "egoístas" da burguesia. Toda a infinita variedade de detalhes e combinações que ninguém está em condições de prever se reduz, em geral e de conjunto, a um ou a outro desses dois resultados.

Examinemos, agora, esses dois resultados: primeiro, do ponto de vista de seu significado social e, segundo, do ponto de vista da situação da social-democracia (da sua "diluição" ou das suas "mãos atadas") num e noutro resultado.

O que é a "vitória decisiva da revolução sobre o tsarismo"? Já vimos que, ao empregar essa expressão, os novo-iskristas não a compreendem nem mesmo no seu significado político imediato. Ainda menos perceptível é o conteúdo de classe desse conceito. Ora, nós, marxistas, não devemos, em caso algum, deixar-nos seduzir pelas *palavras*: "revolução" ou "grande revolução russa", como agora se deixam seduzir por elas muitos democratas revolucionários (do estilo de Gapone). Devemos conhecer de maneira exata quais as forças sociais reais que se opõem ao "tsarismo" (esta é uma força perfeitamente real e plenamente compreensível para todos) e que são capazes de obter a "vitória decisiva" sobre ele. Tal força não pode ser a grande burguesia, os latifundiários, os donos de fábricas, a "sociedade" que segue os osvobojdienistas. Vemos que eles nem sequer querem uma vitória decisiva. Sabemos que são incapazes, pela sua situação de classe, de uma luta decisiva contra o tsarismo: a propriedade privada, o capital e a terra são um lastro pesado demais amarrado a seus pés. Necessitam demais do tsarismo, com as suas forças policial-burocráticas e militares contra o proletariado e o campesinato, para que possam aspirar à destruição do tsarismo. Não, a única força capaz de obter a "vitória decisiva sobre o tsarismo" só pode ser o *povo*, ou seja, o proletariado e o campesinato, se se tomarem as grandes forças fundamentais e se se distribuir a pequena burguesia rural e urbana (também "povo") entre um e outro. "A vitória decisiva da revolução sobre o tsarismo" é a *ditadura revolucionária democrática do proletariado e do campesinato.* Dessa conclusão, indicada há muito tempo pelo *Vperiod*, não podem fugir os nossos novo-iskristas. Não há mais ninguém capaz de obter a vitória decisiva sobre o tsarismo.

E essa vitória será precisamente uma ditadura, ou seja, deverá apoiar-se inevitavelmente na força armada, nas massas armadas, na insurreição, e não em tais ou quais instituições criadas "pela via legal", "pacífica". Só pode ser uma ditadura, porque a efetivação das transformações – imediata e obrigatoriamente necessárias para o proletariado e o campesinato – provocará uma resistência desesperada por parte tanto dos latifundiários quanto da grande burguesia e do tsarismo. Sem uma ditadura será impossível esmagar essa resistência, rechaçar as tentativas contrarrevolucionárias. Mas não será, evidentemente, uma ditadura socialista, e sim democrática. Essa ditadura não poderá afetar (sem toda uma série de estágios intermediários de desenvolvimento revolucionário) os fundamentos do capitalismo. Poderá, no melhor dos casos, introduzir uma redistribuição radical da propriedade da terra a favor do campesinato, conduzir um democratismo consequente e pleno até a república, arrancar pela raiz não só do cotidiano do campo mas também da fábrica, todos os traços asiáticos, servis, iniciar uma melhora séria da situação dos operários, elevar suas condições de vida e, finalmente, *last but not least**, transportar o incêndio revolucionário à Europa. Tal vitória não converterá ainda, de forma alguma, a nossa revolução burguesa em socialista; a revolução democrática não ultrapassará diretamente os limites das relações socioeconômicas burguesas; mas, apesar disso, terá um significado gigantesco para o desenvolvimento futuro da Rússia e do mundo inteiro. Nada elevará tanto a energia revolucionária do proletariado mundial, nada encurtará tão consideravelmente o caminho que conduz à sua vitória plena quanto essa vitória decisiva da revolução iniciada na Rússia.

Quanto tal vitória é provável é outra questão. Não somos de modo algum propensos ao otimismo irrefletido a esse respeito; não nos esquecemos de modo algum das enormes dificuldades dessa tarefa, mas, ao ir à luta, devemos desejar a vitória e saber indicar o verdadeiro caminho até ela. As tendências capazes de conduzir a essa vitória existem indiscutivelmente. É verdade que a nossa influência social-democrata sobre a massa do proletariado é ainda muito, muito insuficiente; a influência revolucionária sobre a massa camponesa é completamente insignificante; a dispersão, o atraso, a ignorância do proletariado e, sobretudo, do campesinato, são ainda terrivelmente grandes. Mas a revolução une e instrui rapidamente. Cada passo de seu desenvolvimento desperta as massas e as atrai com força irresistível justamente para o programa revolucionário, como o único que expressa, de modo consequente e completo, seus verdadeiros e vitais interesses.

Uma lei da mecânica estabelece que a uma ação equivale uma reação. Na história, a força destruidora da revolução também depende, e não em menor medida, de quão forte e duradouro foi o esmagamento das aspirações de liberdade, da profundidade das contradições entre a "superestrutura" antediluviana e as forças vivas da época contemporânea. E a situação política internacional vai se desdobrando, em muitos aspectos, do modo mais

---

* O último, mas não o menos importante.

DE ONDE VEM O PERIGO QUE ENFRENTA O PROLETARIADO... 73

vantajoso, para a revolução russa. A insurreição dos operários e camponeses já começou; encontra-se dispersa, é espontânea, fraca, mas demonstra, de modo indiscutível e absoluto, a existência de forças capazes de se empenhar na luta decisiva e que caminham para a vitória decisiva.

Se essas forças forem insuficientes, o tsarismo poderá então estabelecer um acordo que já está sendo preparado dos dois lados pelo sr. Bulíguin e pelo sr. Struve. Então as coisas terminarão com uma constituição mutilada ou mesmo – no pior dos piores términos – com uma paródia dela. Isso também será uma "revolução burguesa", só que será um aborto, um natimorto, um bastardo. A social-democracia não cria ilusões para si, conhece a natureza traiçoeira da burguesia, não cairá no desânimo nem abandonará seu trabalho obstinado, paciente e firme para a educação de classe do proletariado, mesmo nos dias mais sombrios da prosperidade burguesa constitucional "chipovista". Tal resultado seria mais ou menos parecido com o de quase todas as revoluções democráticas na Europa no decorrer do século XIX, e em tal caso o desenvolvimento do nosso partido seguiria uma vereda difícil, penosa, longa, mas conhecida e batida.

Pergunta-se, agora, em qual desses dois resultados possíveis a social-democracia se encontraria de fato com as mãos atadas contra a burguesia inconsequente e egoísta. Ela se encontraria de fato "diluída" ou quase diluída na democracia burguesa?

Basta colocar a questão de maneira clara para lhe responder em um minuto e sem dificuldade.

Se a burguesia conseguir fazer fracassar a revolução russa por meio de um acordo com o tsarismo, a social-democracia se encontrará de fato, justamente, de mãos atadas contra a burguesia inconsequente, "diluída" na democracia burguesa no sentido de que o proletariado não conseguirá imprimir a sua marca clara à revolução, não conseguirá ajustar contas com o tsarismo à maneira proletária ou, como disse Marx certa vez, "à maneira plebeia".

Se for conquistada a vitória decisiva da revolução, então ajustaremos contas com o tsarismo à moda jacobina ou, se quiserem, à moda plebeia. "Todo o terrorismo francês" – escreveu Marx em 1848 na famosa *Nova Gazeta Renana* – não foi nada além de um método plebeu para ajustar contas

74 DUAS TÁTICAS DA SOCIAL-DEMOCRACIA NA REVOLUÇÃO DEMOCRÁTICA

com os inimigos da burguesia: com o absolutismo, o feudalismo e o filisteísmo (ver Marx, *Nachlass*, editado por Mehring, t. 3, p. 211)[3]. Teriam alguma vez pensado no significado dessas palavras de Marx aqueles que assustam os operários sociais-democratas russos com o espantalho do "jacobinismo" na época da revolução democrática?

Os girondinos da social-democracia russa contemporânea, os novo--iskristas, não se fundem com os osvobojdienistas, mas, de fato, em virtude do caráter de suas palavras de ordem, encontram-se em sua cauda. E os os-vobojdienistas, ou seja, os representantes da burguesia liberal, querem ajustar as contas com a autocracia de maneira leve, à moda reformista – fazendo concessões, sem ofender a aristocracia, a nobreza, a corte –, com cuidado, sem nenhuma quebra, amável e cortesmente, à moda senhoril, vestindo luvas brancas, como as que vestiu, tiradas das mãos de um *bashi-bazouk*, o senhor Petrunkévitch na recepção dos "representantes do povo" (?) por Nicolau, o Sanguinário[4] (ver *Prolietári*, n. 5)[5].

Os jacobinos da social-democracia contemporânea – os bolcheviques, os vperiodistas, congressistas ou proletaristas[6], já nem sei como dizer – querem elevar, com as suas palavras de ordem, a pequena burguesia revolucionária e republicana e, sobretudo, o campesinato até o nível do democratismo consequente do proletariado, que conserva plenamente a sua individualidade de classe. Querem que o povo, ou seja, o proletariado e o campesinato, ajuste contas com a monarquia e com a aristocracia "à moda plebeia", aniquilando implacavelmente os inimigos da liberdade, esmagando pela força a sua

---

[3]   Lênin refere-se ao livro *Aus dem literarischen Nachlass von Karl Marx, Friedrich Engels und Ferdinand Lassalle* [*Da herança literária de Karl Marx, Friedrich Engels e Ferdinand Lassalle*], Franz Mehring (org.), t. 3, Stuttgart, 1902, p. 211. (N. E. P.)

[4]   Alusão à recepção de uma delegação dos *zemstvos* por Nicolau II em 6 (19) de junho de 1905. A delegação entregou ao tsar uma petição para a convocação dos representantes do povo para estabelecer, de acordo com o tsar, "um regime estatal renovado". A petição não continha a reivindicação nem do sufrágio universal, direto, igual e secreto, nem de garantias da liberdade das eleições. (N. E. P.)

[5]   Ver Lênin, *Obras completas* (5. ed., Moscou, Издательство Политической Литературы/Izdátelstvo Politítcheskoi Literatúry, 1963), t. 10, p. 298-303. (N. E. R.)

[6]   Vperiodistas, congressistas ou proletaristas: denominações diferentes dos bolcheviques, dadas com base no III Congresso do Partido por eles convocado e segundo os títulos dos jornais por eles editados: o *Vperiod* e o *Prolietári*. (N. E. P.)

resistência, sem fazer quaisquer concessões à herança maldita da servidão, do asiatismo, da degradação do ser humano.

Isso não quer dizer, é claro, que queremos imitar obrigatoriamente os jacobinos de 1793, adotar suas concepções, seu programa, suas palavras de ordem, seus métodos de ação. Nada disso. Não temos um programa velho, mas um programa novo: o programa mínimo do Partido Operário Social-Democrata Russo. Temos uma palavra de ordem nova: a ditadura revolucionária democrática do proletariado e do campesinato. Teremos também, se vivermos para ver a verdadeira vitória da revolução, novos métodos de ação, que corresponderão ao caráter e aos objetivos do partido da classe operária, que aspira à revolução socialista plena. Com nossa comparação, queremos apenas esclarecer que os representantes da classe avançada do século XX, do proletariado, ou seja, os sociais-democratas, separam-se também nas duas alas (a oportunista e a revolucionária) em que se separavam os representantes da classe avançada do século XVIII, a burguesia, ou seja, os girondinos e os jacobinos.

Apenas no caso de uma vitória completa da revolução democrática, o proletariado não estará de mãos atadas na luta contra a burguesia inconsequente, apenas neste caso, não se "diluirá" na democracia burguesa, mas imprimirá em toda a revolução a sua marca proletária, ou melhor, proletário-camponesa.

Numa palavra: para que não se encontre de mãos atadas na luta contra a democracia burguesa inconsequente, o proletariado deve estar suficientemente consciente e forte para elevar o campesinato até a consciência revolucionária, para dirigir sua pressão, para assim conduzir, de maneira independente, a democracia proletária consequente.

Eis como se coloca a questão, resolvida de modo tão fracassado pelos novo-iskristas, do perigo de se encontrar de mãos atadas na luta contra a burguesia inconsequente. A burguesia será sempre inconsequente. Não há nada mais ingênuo e estéril do que as tentativas de traçar as condições ou pontos*

---

* Como tentou fazer Starover na sua resolução [Trata-se da resolução de A. N. Potréssov (Starover) sobre a atitude para com os liberais aprovada no II Congresso do POSDR. (N. E. P.)], anulada pelo III Congresso, e como tenta a conferência numa resolução não menos fracassada.

com cuja realização se poderia considerar a democracia burguesa como um amigo não hipócrita do povo. Um lutador consequente pela democracia só o proletariado pode ser. Um lutador pela democracia só pode ser vitorioso na condição de que a massa do campesinato se una à sua luta revolucionária. Se o proletariado não tiver forças para isso, a burguesia se colocará à cabeça da revolução democrática e imprimirá nela um caráter inconsequente e egoísta. Não há outro meio de o impedir, exceto pela ditadura revolucionária democrática do proletariado e do campesinato.

Dessa maneira, chegamos à conclusão indiscutível de que é justamente a tática novo-iskrista que, pelo seu significado objetivo, *joga àgua no moinho da democracia burguesa*. A pregação da imprecisão organizativa que chega aos plebiscitos, ao princípio de acordos, ao distanciamento da literatura partidária do partido – o menosprezo pelas tarefas da insurreição armada –, à confusão das palavras de ordem políticas para todo o povo do proletariado revolucionário com as da burguesia monárquica, à deturpação das condições da "vitória decisiva da revolução sobre o tsarismo" – tudo isso, tomado em conjunto, tem como resultado justamente a política do rabeirismo no momento revolucionário, que desorienta o proletariado, que o desorganiza e leva confusão à sua consciência, deturpa a tática da social-democracia, em vez de indicar o único caminho da vitória e agrupar em torno da palavra de ordem do proletariado todos os elementos revolucionários e republicanos do povo.

* * *

Para confirmar essa conclusão, à qual chegamos com base em uma análise da resolução, abordemos a mesma questão a partir de outros ângulos. Vejamos, em primeiro lugar, de que maneira um menchevique ingênuo e sincero ilustra a tática novo-iskrista no jornal georgiano *Sotsial-Demokrat*. Vejamos, em segundo lugar, quem recorre, de fato, na situação política dada, às palavras de ordem do novo *Iskra*.

7

A TÁTICA DE "AFASTAMENTO DE CONSERVADORES DO GOVERNO"

O artigo por nós mencionado acima, publicado no órgão do "comitê" menchevique de Tiblíssi (*Sotsial-Demokrat*, n. 1) intitula-se "O *Ziémski Sobor* e a nossa tática". Seu autor não esqueceu ainda por completo o nosso programa, lança a palavra de ordem de república, mas discorre sobre a tática da seguinte maneira:

> Para atingir esse objetivo (a república) podem-se indicar dois caminhos: ou não prestar nenhuma atenção ao *Ziémski Sobor* em vias de ser convocado pelo governo e derrotar o governo de armas na mão, formar um governo revolucionário e convocar a assembleia constituinte, ou declarar o *Ziémski Sobor* como centro da nossa ação, fazendo pressão de armas na mão sobre a sua composição, sobre a sua atividade, e obrigá-lo pela força a declarar-se assembleia constituinte, ou a convocar por seu intermédio uma assembleia constituinte. Essas duas táticas diferenciam-se muito claramente uma da outra. Vejamos, pois, qual das duas é mais vantajosa para nós.

Eis como os novo-iskristas russos expõem as ideias posteriormente incorporadas na resolução por nós examinada. Notem que isso foi escrito antes de Tsushima[1], quando o "projeto" de Bulíguin não tinha ainda vindo à luz. Até os liberais perderam a paciência e expressaram sua desconfiança nas colunas da imprensa legal, enquanto um social-democrata novo-iskrista se mostrava mais confiante do que os liberais. Ele declara que o *Ziémski Sobor* "está sendo convocado" e acredita no tsar a tal ponto que propõe fazer desse *Ziémski Sobor* (ou talvez uma "Duma de Estado" ou um "*Sobor* consultivo"?)

---

[1] Trata-se da Batalha de Tsushima, combate naval perto da ilha de Tsushima travado em 14-15 (27-28) de maio de 1905 durante a guerra russo-japonesa. O combate terminou com a derrota da armada russa. (N. E. P.)

ainda inexistente o centro da nossa atuação. Mais franco e direto do que os autores da resolução adotada na conferência, o nosso tibilense não considera como equivalentes as duas "táticas" (expostas por ele com uma ingenuidade inimitável), mas declara que a segunda é "mais vantajosa". Ouçam:

> Primeira tática. Como vocês sabem, a revolução que se aproxima é uma revolução burguesa, ou seja, orienta-se no sentido de da transformação da atual estrutura e interessa não só ao proletariado mas também a toda a sociedade burguesa. Na oposição ao governo, estão todas as classes, até a dos capitalistas. O proletariado em luta e a burguesia em luta caminham, em certo sentido, juntos, e juntos atacam o absolutismo de lados diferentes. O governo está aqui absolutamente isolado e privado da simpatia da sociedade. Por isso, é muito fácil extingui-lo [(??)]. O proletariado da Rússia de conjunto ainda não está suficientemente consciente e organizado para poder, sozinho, levar a cabo a revolução. E, se pudesse fazê-lo, levaria a cabo não uma revolução burguesa, mas uma revolução proletária (socialista). Interessa-nos, portanto, que o governo fique sem aliados, não possa dividir a oposição, não atraia para si a burguesia e deixe isolado o proletariado...

Assim, é do interesse do proletariado que o governo não possa separar a burguesia e o proletariado! Não será por engano que o órgão georgiano se chama *Sotsial-Demokrat*, em vez de se chamar *Osvobojdiénie*? E notem que filosofia da revolução democrática sem igual! Não vemos nós aqui, com os nossos próprios olhos, como o pobre tibilense está totalmente desorientado pela sentenciosa interpretação rabeirista do conceito de "revolução burguesa"? Ele discute a questão de um possível isolamento do proletariado na revolução democrática e *esquece-se...* esquece-se de uma ninharia... do campesinato! Entre os possíveis aliados do proletariado, ele conhece e escolhe os latifundiários dos *zemstvos*, mas não conhece os camponeses. E isso no Cáucaso! Ora, não estávamos corretos ao dizer que o novo *Iskra*, com suas reflexões, rebaixa-se ao nível da burguesia monárquica, em vez de elevar até o seu nível, como aliado, o campesinato revolucionário?

> Em caso contrário, a derrota do proletariado e a vitória do governo são inevitáveis. E é precisamente isso o que a autocracia deseja. Esta, sem dúvida, no seu *Ziémski Sobor*, atrairá para o seu lado os representantes da nobreza, dos *zemstvos*, das cidades, das universidades e demais instituições burguesas [nobreza,

universidades etc., instituições burguesas! Teremos de voltar ao pensamento da *Rabotchaia Misl* para encontrar um "marxismo" assim tão castamente vulgar como este!]. Fará esforços para ganhá-los com pequenas concessões e, dessa maneira, reconciliar-se com eles. Reforçada deste modo, dirigirá todos os seus golpes contra o povo trabalhador, que ficará isolado. É nossa obrigação impedir tão infeliz resultado. Mas é possível fazê-lo pelo primeiro caminho? Suponhamos que não prestamos nenhuma atenção ao *Ziémski Sobor*, mas que começamos a nos preparar para a insurreição e um belo dia saímos armados para a rua para a luta. E eis que diante de nós não haverá um, mas dois inimigos: o governo e o *Ziémski Sobor*. Enquanto estávamos nos preparando, eles tiveram tempo de conspirar [que jacobinismo! Preparar-se para uma insurreição!], de fazer um arranjo, de elaborar uma constituição vantajosa para eles e de repartir o poder entre si. Essa é uma tática diretamente vantajosa para o governo, e devemos repudiá-la da maneira mais enérgica...

Isso é que é sinceridade! É preciso rejeitar decididamente a "tática" de preparar a insurreição, porque, "enquanto" isso, o governo chegará a um acordo com a burguesia! Seria possível encontrar, na velha literatura do mais inveterado "economismo", alguma coisa parecida com essa vergonha da social-democracia revolucionária? Ou seja, as insurreições e as revoltas operárias e camponesas que se verificam aqui e ali são um fato. O *Ziémski Sobor* é uma promessa de Bulíguin. E o *Sotsial-Demokrat* da cidade de Tiblíssi decide repudiar a tática de preparar a insurreição e esperar pelo "centro de ação", o *Ziémski Sobor*...

A segunda tática, pelo contrário, consiste em colocar o *Ziémski Sobor* sob a nossa vigilância, não lhe dar possibilidade de atuar segundo a sua vontade [ah! Quanta rrrevolucionariedade!] e de chegar a um acordo com o governo*.
Apoiaremos o *Ziémski Sobor* na medida em que lute contra a autocracia e o combateremos quando se conciliar com a autocracia. Por uma intervenção enérgica e pela força, dividimos os deputados**, atraímos os radicais [pobre Struve! Ele tem fama de radical! Que destino: ser uma força agregada dos novo-iskristas...], afastamos do governo os conservadores e, dessa maneira [ouçam!

---

* Que meios há para privar os *ziémtsi* do livre exercício da sua vontade? Não seria um tipo especial de papel de tornassol?

** Santíssimo! Eis a tática "aprofundada"! Não há forças para lutar na rua, mas pode-se "dividir os deputados" pela "força". Escute, camarada de Tíflis, pode-se mentir, mas há um limite...

Ouçam!], colocamos todo o *Ziémski Sobor* na via revolucionária. Graças a essa tática, o governo ficará permanentemente isolado, a oposição [sem os "conservadores" afastados?] será forte e, desse modo, será facilitada a implantação de uma estrutura democrática.

Sim, sim! Deixe, doravante, que digam que estamos exagerando o giro dos novo-iskristas para a variedade mais vulgar do "economismo". Ora, isso já é exatamente igual aos famosos pós contra as moscas: captura-se a mosca, salpica-lhe o pó e ela morre. Dividir *pela força* os deputados do *Ziémski Sobor*, "afastar do governo os conservadores" – e todo o *Ziémski Sobor* adotará o *caminho revolucionário...* Tudo isso sem nenhuma espécie de insurreição armada "jacobina", mas de maneira muito nobre, quase parlamentar, "fazendo pressão" sobre *os membros do Ziémski Sobor*.

Pobre Rússia! Dizem dela que sempre usa chapéus fora de moda e descartados pela Europa. Ainda temos parlamento, Bulíguin nem sequer o prometeu, mas o cretinismo parlamentar[2] ele tem de sobra.

Como deve proceder essa intervenção? Em primeiro lugar, exigiremos que o *Ziémski Sobor* seja convocado na base do sufrágio universal, igual, direto e secreto. Junto com a divulgação* desse sistema eleitoral, deve ser legalizada** a completa liberdade de campanha eleitoral, ou seja, a liberdade de reunião, de palavra, de imprensa, a imunidade dos eleitores e eleitos e a libertação de todos os presos políticos. A data das eleições deve ser fixada para o mais tarde possível, a fim de nos dar tempo suficiente para informar e preparar o povo. E, uma vez que a elaboração do regulamento de convocação do *Sobor* foi confiada a uma comissão presidida pelo Ministro do Interior Bulíguin, devemos fazer pressão sobre essa comissão e sobre os seus membros***. Se a Comissão Bulíguin se negar a atender as nossas reivindicações**** e conceder o direito de

---

[2]   A expressão cretinismo parlamentar, que se encontra mais de uma vez nas obras de Lênin, foi usada por Marx e Engels. Lênin aplicava essa expressão a quem ele chamava de oportunista, àqueles que consideravam que o sistema parlamentar seria onipotente e a atividade parlamentar, a única e principal forma de luta política em todas as condições (N. E. P.)

*   No *Iskra*?

**   Por Nicolau?

***   É isso que significa a tática de "afastar os conservadores do governo"!

****   Mas isso não pode acontecer com uma tática tão acertada e tão profundamente meditada de nossa parte!

A TÁTICA DE "AFASTAMENTO DE CONSERVADORES DO GOVERNO" 81

voto somente aos possuidores, devemos intervir nessas eleições e obrigar, por meios revolucionários, os eleitores a eleger candidatos avançados e exigir no *Ziémski Sobor* uma assembleia constituinte [obrigar a eleger; por meios revolucionários! Isso não passa de *repetílovschina*[3] revolucionária!]. Por fim devemos obrigar por todos os meios possíveis: manifestações, greves e, se for necessário, a insurreição, o *Ziémski Sobor* a convocar uma assembleia constituinte ou a declarar-se como tal. O proletariado em armas deve ser o defensor da assembleia constituinte e ambos* juntos marcharão para a república democrática. Essa é a tática social-democrata e só ela nos assegurará a vitória.

Não pense o leitor que esse incrível disparate seja simples ensaio da pena de qualquer novo-iskrista irresponsável e sem influência. Não, isso está sendo dito em um *órgão* de um comitê de novo-iskristas inteiro, o de Tíflis. Mais ainda. Esse disparate *foi diretamente aprovado* pelo *Iskra* no seu n. 100, no qual lemos estas linhas consagradas ao *Sotsial-Demokrat*: "O n. 1 está redigido com vivacidade e talento. Nota-se a mão experimentada e hábil de um editor-escritor... Pode-se dizer com segurança que o jornal cumprirá brilhantemente a tarefa que se propôs".

Sim! Se essa tarefa consiste em demonstrar cabalmente, a todos e a cada um, a plena decomposição ideológica do novo-iskrismo, cumpriu-a de fato "brilhantemente". Ninguém teria sabido exprimir com maior "vivacidade, talento e habilidade" o rebaixamento dos novo-iskristas até o oportunismo liberal-burguês.

---

[3] *Repetílovschina*: liberalismo ostensivo, fraseologia vazia, expressos nas falas da personagem Repetílov, de *A desgraça de ter espírito*, de Aleksandr Griboiédov. (N. E. R.)

* O proletariado em armas e os "conservadores afastados do governo"?

8

O OSVOBOJDIENISMO E O NOVO-ISKRISMO

Passemos, agora, a outra comprovação evidente do significado da política do novo-iskrismo.

Num artigo notável, excelente, muito instrutivo, intitulado "Como encontrar a si mesmo" (*Osvobojdiénie*, n. 71), o sr. Struve entra em guerra com o "revolucionarismo programático" dos nossos partidos extremistas. Comigo, pessoalmente, o sr. Struve está particularmente insatisfeito*. Quanto a mim, não poderia estar mais satisfeito com o sr. Struve, melhor aliado na luta contra o "economismo" renascente dos novo-iskristas e contra a absoluta falta de

---

* "Em comparação com o revolucionarismo dos senhores Lênin e camaradas, o revolucionarismo da social-democracia da Europa ocidental de Bebel e até de Kautsky é oportunismo, mas também as bases desse revolucionarismo, já suavizado, foram minadas e destruídas pela história." Um ataque muito severo. Em vão, pensa o sr. Struve que se pode amontoar tudo sobre mim, como sobre um morto. Para mim, basta lançar um desafio ao sr. Struve , que ele nunca será capaz de aceitar. Onde e quando chamei de oportunismo o "revolucionarismo de Bebel e de Kautsky"? Onde e quando reivindiquei a criação de uma tendência especial na social-democracia internacional, que *não fosse idêntica* à tendência de Bebel e de Kautsky? Onde e quando vieram à luz divergências entre mim, por um lado, e Bebel e Kautsky, por outro – divergências que pela sua seriedade se aproximam, ainda que pouco, das que surgiram entre Bebel e Kautsky, por exemplo, na questão agrária em Breslau? Que o sr. Struve tente responder a essas três perguntas. [Referência às divergências surgidas durante a discussão do projeto do programa agrário no Congresso do Partido Social-Democrata da Alemanha, que se realizou em Breslau (atualmente Wroclaw, na Polônia) em outubro de 1895. O projeto era defendido por Bebel e Liebknecht, de um lado, e criticado por Kautsky e Zetkin de outro. O congresso, por maioria de votos, rejeitou o projeto de programa agrário apresentado pela comissão. (N. E. R. A.)]

E aos leitores dizemos: a burguesia liberal, *sempre* e *em toda parte*, recorre ao método que consiste em fazer crer aos seus partidários de determinado país que os sociais-democratas desse país são os mais insensatos, enquanto os seus camaradas do país vizinho são "bons rapazes". A burguesia alemã apontou *centenas de vezes* como exemplo a Kautsky e Bebel os "bons rapazes" socialistas franceses. A burguesia francesa apresentou há muito pouco tempo como exemplo aos socialistas franceses o "bom rapaz" Bebel. Velho método, sr. Struve! Nessa armadilha somente cairão crianças e ignorantes. A completa solidariedade da social-democracia revolucionária internacional em todas as questões principais do programa e da tática é um fato absolutamente incontestável.

princípios dos "socialistas-revolucionários". Mostraremos em outra ocasião como o sr. Struve e a *Osvobojdiénie* demonstraram, na prática, todo o reacionarismo das "emendas" ao marxismo feitas no projeto de programa dos socialistas-revolucionários. Sobre como o sr. Struve, todas as vezes que aprovou *como princípio* os novo-iskristas, me prestou um serviço leal, honrado e verdadeiro, já falamos reiteradamente* e, agora, falaremos mais uma vez.

No artigo do sr. Struve há uma série de declarações interessantíssimas que aqui só podemos assinalar de passagem. Ele se prepara para "criar uma democracia russa, apoiando-se não na luta, mas na colaboração de classes", sendo que que a "intelectualidade socialmente privilegiada" (tal como a "nobreza culta", diante da qual o sr. Struve faz reverências com a graça autenticamente mundana de um... lacaio) trará o "peso da sua posição social" (o peso de um saco de dinheiro) para esse partido "não classista". O sr. Struve expressa o desejo de apresentar à juventude a inutilidade "desse chavão radical de que a burguesia se assustou e traiu o proletariado e a causa da liberdade". (Saudamos do fundo do coração esse desejo. Nada confirma melhor esse "chavão" marxista do que a guerra do sr. Struve contra ele. Por favor, sr. Struve, não atrase mais esse seu plano magnífico!)

Para o nosso tema, é importante observar as palavras de ordem *práticas* contra as quais está guerreando, no momento presente, tal representante da burguesia russa dotado de um instinto político tão fino e tão sensível às menores variações do clima. Em primeiro lugar, contra a palavra de ordem do republicanismo. O sr. Struve está firmemente convencido de que essa pala-

---

* Recordamos ao leitor que o artigo "O que não fazer" (*Iskra*, n. 52) foi saudado ruidosamente pela *Osvobojdiénie* como um "giro significativo" no sentido da transigência para com os oportunistas. As tendências de princípio do neoiskrismo foram aprovadas pela *Osvobojdiénie*, particularmente numa nota sobre a cisão entre os sociais-democratas russos. A respeito do folheto de Trótski "As nossas tarefas políticas", a *Osvobojdiénie* apontou a analogia das ideias desse autor com as que escreveram e expressaram outrora os partidários da *Rabótcheie Dielo* Kritchévski, Martínov, Akímov (ver a página "Um liberal solícito", editada pelo *Vperiod*). [Ver Vladímir Ilitch Lênin, *Obras completas*, 5. ed., Moscou, Издательство Политической Литературы/Izdátelstvo Politítcheskoi Literatúry, 1963, t. 9, p. 71-4 (N. E.R.)]. A brochura de Martínov sobre as duas ditaduras foi saudada pela *Osvobojdiénie* (ver a nota no *Vperiod* n. 9). [Ver Vladímir Ilitch Lênin, *Obras completas*, cit., t. 9, p. 307-8. (N. E. R.)]. Finalmente, as queixas tardias de Starover em relação à velha palavra de ordem do velho *Iskra* "primeiro demarcar os campos e depois unir-se" encontraram a simpatia especial da *Osvobojdiénie*.

vra de ordem é "incompreensível e alheia à massa do povo" (ele se esquece de acrescentar: é compreensível, mas desvantajosa para a burguesia!). Gostaríamos de ver que resposta ele receberia dos operários nos nossos círculos e nos nossos comícios! Ou os operários não são povo? E os camponeses? Acontece-lhes professar, segundo as palavras do sr. Struve, "um republicanismo ingênuo" ("enxotar o tsar"), porém a burguesia liberal acredita que esse republicanismo *ingênuo* será substituído não por um republicanismo consciente, mas por um monarquismo consciente! *Ça dépend*[1], sr. Struve, isso depende ainda das circunstâncias. Tanto o tsarismo quanto a burguesia não podem não se opor a uma melhora radical da situação dos camponeses à custa da grande propriedade latifundiária; já a classe operária não pode deixar de cooperar nisso com o campesinato.

Em segundo lugar, o sr. Struve afirma que, "na guerra civil, o que ataca estará sempre errado". Essa ideia chega muito perto das tendências do novo-iskrismo demonstradas anteriormente. Não diremos, é claro, que, na guerra civil, é *sempre* vantajoso atacar; não; às vezes a tática defensiva é obrigatória *por um tempo*. Mas expor tal posição, como o faz o sr. Struve, aplicada à Rússia de 1905 significa precisamente exibir um fragmento do "chavão radical" ("a burguesia assusta-se e trai a causa da liberdade"). Quem, doravante, não quiser investir contra a autocracia, a reação, quem não se preparar para esse ataque, quem não propagá-lo, afirma-se vãmente partidário da revolução.

O sr. Struve condena as palavras de ordem "conspiração" e "revolta" (essa "insurreição em miniatura"); desdenha uma e outra do ponto de vista "do acesso às massas"! Perguntamos ao sr. Struve: será que ele poderia indicar a propaganda da revolta, por exemplo numa publicação como *O que fazer?*[2], que em sua opinião é de incomensurável revolucionariedade? Já quanto à "conspiração", será tão grande a diferença, por exemplo, entre nós e o sr. Struve? Não trabalhamos ambos em jornais "ilegais", introduzidos "conspirativamente" na Rússia e que servem os grupos "secretos" da "União de

---

[1] Em francês, no original: "depende". (N. R. T.).

[2] Ver Vladímir Ilitch Lênin, *O que fazer? : questões candentes de nosso movimento* (trad. Edições Avante!, São Paulo, Boitempo, 2020). (N. E.)

Libertação" ou do POSDR? Nossos comícios operários são, com frequência, "conspirativos" – é esse o pecado. E as assembleias dos senhores osvobojdie-nistas? Tem você do que se gabar, sr. Struve, em face dos desprezíveis parti-dários da desprezível conspiração?

É verdade que o fornecimento de armas aos operários exige uma rigoro-sa conspiração. Nesse ponto, o sr. Struve já se pronuncia com mais franque-za. Ouçam:

> "No que se refere à insurreição armada, ou à revolução no sentido técnico [ini-cia-se o plágio do novo *Iskra*], somente uma propaganda de massa do programa democrático pode criar as condições psicológicas e sociais da insurreição arma-da geral. Dessa maneira, mesmo do ponto de vista, que não compartilho, que considera a insurreição armada como o coroamento *inevitável* da luta contem-porânea pela emancipação, o essencial, o mais necessário, é inculcar nas massas as ideias de transformação democrática".

O sr. Struve tenta evitar a questão. Fala da inevitabilidade da insurreição em vez de falar que ela é necessária para a vitória da revolução. Uma insurrei-ção não preparada, espontânea, dispersa, já foi iniciada. Ninguém poderá afir-mar de maneira incontesta que ela chegará até a insurreição popular armada, íntegra e integral, pois isso depende tanto do estado das forças revolucioná-rias (que só se pode avaliar completamente durante a própria luta) quanto da conduta do governo e da burguesia, e de uma série de outras circunstâncias que não é possível predizer com exatidão. É despropositado falar de inevita-bilidade no sentido dessa certeza absoluta de um acontecimento concreto a que a argumentação do sr. Struve reduz o assunto. Se se quer ser partidário da revolução, deve-se falar de sua *necessidade* para a insurreição *para a vitória* da revolução, se seria necessário impulsioná-la, propagá-la, prepará-la imediata e energicamente. O sr. Struve não pode deixar de compreender tal diferença: por exemplo, não encobre a questão, indiscutível para um democrata, da ne-cessidade do direito de sufrágio universal com outra questão, esta discutível e não essencial para um dirigente político, a da inevitabilidade de se conseguir esse sufrágio no decurso da presente revolução. Ao se evadir da questão da necessidade da insurreição, o sr. Struve expressa a essência mais profunda da posição política da burguesia liberal. A burguesia, em primeiro lugar,

O OSVOBOJDIENISMO E O NOVO-ISKRISMO   87

prefere negociar com a autocracia a esmagá-la; em qualquer caso, ela deixa a luta com armas na mão para os operários (isto, em segundo lugar). Eis o significado *real* das evasivas do sr. Struve. Eis por que ele *recua* da questão da necessidade da insurreição em relação à questão das suas condições "psicológicas e sociais", da "propaganda" preliminar. Exatamente da mesma forma que os falastrões burgueses, no Parlamento de Frankfurt em 1848, se ocupavam de compor resoluções, declarações, decisões, da "propaganda de massa" e da preparação das "condições psicológicas e sociais", num momento em que se tratava de resistir à força armada do governo, quando o movimento "tinha levado à necessidade" da luta armada, quando a ação verbal (cem vezes necessária no período de preparação) se tinha convertido numa vil inatividade e covardia burguesas – da mesma forma, o sr. Struve foge à questão da insurreição, encobrindo-se com *frases*. O sr. Struve demonstra de maneira convincente aquilo que muitos sociais-democratas teimam em não ver, a saber: que o momento revolucionário se diferencia dos momentos históricos ordinários, corriqueiros, preparatórios, em que o estado de espírito, a agitação, a convicção das massas devem traduzir-se e se traduzem *em ação*.

O revolucionarismo vulgar não compreende que a palavra também é um ato; essa é uma posição incontestável, aplicada à história *em geral* ou a épocas da história em que não há ação política aberta das massas, que nenhum golpe de Estado pode substituir nem criar artificialmente. O rabeirismo dos revolucionários não compreende que, quando se inicia o momento revolucionário, quando a velha "superestrutura" está se esgarçando em todas as costuras, quando a ação política aberta das classes e das massas, que criam para si uma nova superestrutura, se converte em um fato, quando se inicia a guerra civil, limitar-se, *como outrora*, "às palavras", sem dar a *palavra de ordem direta* de passar à "ação", dissuadir a ação, fazendo referência a "condições psicológicas" e "propaganda" em geral, significa apatia, imobilidade cadavérica, verbalismo, ou então perfídia e traição da revolução. Os falastrões de Frankfurt da burguesia democrática são um exemplo histórico inesquecível de tal traição ou de uma tal estupidez verbalista.

Gostariam de uma explicação sobre a diferença entre o revolucionarismo vulgar e o rabeirismo dos revolucionários na história do movimento social-

-democrata na Rússia? Vamos dar-lhes tal explicação. Recordem os anos de 1901 e 1902, que se passaram não faz muito e nos parecem agora pertencer a um passado longínquo. Começaram as manifestações. O revolucionarismo vulgar lançou o grito de "ao assalto" (*Rabótcheie Dielo*), foram publicadas as "folhas sangrentas" (de procedência berlinense, se a memória me não falha), atacou-se como "literatismo" e coisa de gabinete a ideia de agitação em toda a Rússia por meio de um jornal (*Nadéjdin*)[3]. O seguidismo dos revolucionários apresentou-se então, pelo contrário, com o sermão de que "a luta econômica constitui o *melhor* meio para a agitação política". Qual foi a posição da social-democracia revolucionária? Atacou ambas as tendências. Condenou os métodos pirotécnicos e os gritos de assalto, pois todos viam ou deviam ver claramente que a ação aberta das massas era algo para o dia de amanhã. Condenou o rabeirismo e apresentou claramente *mesmo* a palavra de ordem da insurreição armada de todo o povo, não no sentido de um chamado direto (um chamado à "revolta", que o sr. Struve em nós não encontraria naquele tempo), mas no sentido de uma conclusão *necessária*, no sentido da "propaganda" (da qual o sr. Struve se lembrou só agora; está sempre alguns anos atrasado, o nosso respeitável sr. Struve), no sentido da preparação dessas mesmas "condições psicológicas e sociais", da qual agora os representantes da burguesia confusa e mercantil reclamam "triste e despropositadamente". *Naquele então*, a propaganda e a agitação, a agitação e a propaganda eram realmente colocadas em primeiro plano pelo estado de coisas objetivo. *Então*, como pedra de toque do trabalho para a preparação da insurreição, podia-se colocar (e se colocou em *O que fazer?*) o trabalho de criar um jornal político comum à toda a Rússia, cuja publicação semanal nos parecia ideal. *Então*, as palavras de ordem eram estas: agitação das massas *em vez de* investidas armadas imediatas; preparação das condições psicológicas e sociais da insurreição *em vez de* métodos pirotécnicos. Essas eram as únicas palavras de ordem corretas da social-democracia revolucionária. *Doravante*, essas palavras de ordem foram ultrapassadas pelos acontecimentos, o movimento deixou-as para trás,

---

[3] Trata-se da brochura de L. Nadiéjdin (pseudônimo de E. O. Zelénski) *A véspera da Revolução – O exame populista das questões da teoria e da tática*, publicada em 1901. Lênin submeteu a uma crítica enérgica a brochura de Nadiéjdin no seu livro *Que fazer?*, cit., p. 169-93. (N. E. P. A.)

tornaram-se velharias, farrapos que servem apenas para cobrir a hipocrisia da tendência dos osvobojdienistas e o seguidismo dos novo-iskristas!

Ou, talvez, eu esteja errado? Talvez a revolução não tenha ainda começado? Não chegou ainda o momento da investida política aberta das classes? Ainda não existe guerra civil, e a crítica das armas não deve, doravante, ser a herdeira *necessária* e obrigatória, a sucessora, a testamenteira, a cortadora da arma da crítica?

Olhem ao redor de si, estiquem-se dos seus gabinetes para a rua a fim de responder a essas perguntas. Será que o próprio governo já não está em uma guerra civil, assassinando em massa, por toda parte, cidadãos pacíficos e desarmados? Será que os Cem-negros já não estão fazendo investidas armadas como "argumento" da autocracia? Será que a burguesia – até a burguesia – já não está consciente da necessidade de uma milícia civil? Será que o próprio sr. Struve, o tão idealmente moderado e acurado sr. Struve, não diz (ora, só fala para se justificar!) que "o caráter aberto das ações revolucionárias" (como estamos nós falando agora!) "é, no presente momento, uma das condições mais importantes da influência educativa sobre as massas populares"?

Quem tenha olhos para ver não pode duvidar da maneira como deve ser agora colocada pelos partidários da revolução a questão da insurreição armada. Ora, observem os *três* modos de colocar essa questão, publicados nos órgãos da imprensa livre capazes de influir, em alguma medida, sobre as *massas*.

Primeiro modo de colocar a questão. Resolução do III Congresso do Partido Operário Social-Democrata da Rússia*. Reconhece-se e declara-se

---

* Eis aqui o texto completo:

"Considerando:

1) que o proletariado, que é, pela sua situação, a classe mais avançada e a única consequentemente revolucionária, é por essa razão chamado a desempenhar o papel dirigente no movimento revolucionário democrático geral da Rússia; 2) que esse movimento, no momento presente, já conduziu à necessidade da insurreição armada; 3) que o proletariado inevitavelmente terá a mais enérgica participação nessa insurreição, que determinará o destino da revolução na Rússia; 4) que o proletariado só pode desempenhar o papel dirigente nessa revolução se estiver agrupado, como força política independente e única, sob a bandeira do Partido Operário Social-Democrata que dirija, não só ideologicamente mas também na prática, a sua luta; 5) que só o cumprimento desse papel pode assegurar ao proletariado as condições mais vantajosas para a luta pelo socialismo contra as classes possuidoras da Rússia democrático-burguesa.

publicamente que o movimento revolucionário democrático geral *já levou à necessidade* da insurreição armada. A organização do proletariado para a insurreição coloca-se na ordem do dia, como uma das tarefas essenciais, primordiais e *necessárias* do partido. Ele está encarregado de tomar as medidas *mais enérgicas* para armar o proletariado e para assegurar a possibilidade da direção imediata da insurreição.

Segundo modo de colocar a questão. O artigo de princípios, na *Osvobojdiénie*, do "chefe dos constitucionalistas russos" (assim recentemente denominou o sr. Struve um órgão tão influente da burguesia europeia como o *Jornal de Frankfurt*), ou do chefe da burguesia progressista russa. Ele não compartilha da opinião da inevitabilidade da insurreição. A conspiração e a revolta são processos específicos de um revolucionarismo insensato. O republicanismo é um método de atordoamento. A insurreição armada é de fato uma questão apenas técnica, enquanto "o fundamental e mais necessário" é a propaganda de massas e a preparação das condições psicológicas e sociais.

Terceiro modo de colocar a questão. A resolução da conferência novo-iskrista. A nossa tarefa é preparar a insurreição. É excluída a possibilidade de uma insurreição de acordo com um plano. As condições favoráveis para a insurreição são criadas pela desorganização governamental, pela nossa agitação, pela nossa organização. Somente então "podem adquirir importância mais ou menos séria os preparativos técnicos para o combate".

Nada mais? Nada mais. Se a insurreição se tornou necessária, os dirigentes novo-iskristas do proletariado não o sabem ainda. Se é inadiável a tarefa de organizar o proletariado para a luta imediata, é coisa que para eles ainda não está clara. Não é necessário apelar para a adoção das medidas mais

---

O III congresso do POSDR reconhece que a tarefa de organizar o proletariado para a luta imediata contra a autocracia, por meio da insurreição armada, é uma das tarefas principais e inadiáveis do partido no presente momento revolucionário. Por isso, o congresso encarrega todas as organizações do partido de: a) esclarecer o proletariado por meio da propaganda e da agitação, não somente sobre o significado político, mas também sobre o aspecto prático e organizativo da insurreição armada iminente; b) esclarecer, por meio dessa propaganda e agitação, o papel das greves políticas de massas, que podem ter grande importância no princípio e na própria marcha da insurreição; c) tomar as medidas mais enérgicas para armar o proletariado, bem como para elaborar o plano da insurreição armada e da sua direção imediata, criando para isso, na medida em que seja necessário, gruposespeciais de trabalhadores do partido". [Nota à edição de 1907.]

enérgicas, é muito mais importante (em 1905 e não em 1902) esclarecer, em linhas gerais, em que condições "podem" essas medidas adquirir importância "mais ou menos séria"...

Agora veem, camaradas novo-iskristas, onde os levou o seu giro para o martinovismo? Entendem que sua filosofia política se revelou uma reedição da filosofia dos osvobojdienistas? Que vocês se colocaram (contra a vontade e além da consciência de vocês) na cauda da burguesia monárquica? Doravante, não lhes está claro que, insistindo em velhas cantilenas e aperfeiçoando-se no verbalismo, perderam de vista a circunstância de que – para falar com as inesquecíveis palavras do inesquecível artigo de Piotr Struve – "o caráter aberto das *ações* revolucionárias é no presente momento uma das condições mais importantes da influência educativa sobre as massas populares"?

9

O QUE SIGNIFICA SER UM PARTIDO DE OPOSIÇÃO EXTREMA DURANTE A REVOLUÇÃO?

Voltemos à resolução sobre o governo provisório. Mostramos que a tática dos novo-iskristas impulsiona a revolução não para diante – cuja possibilidade queriam garantir com a sua resolução –, mas para trás. Mostramos que é justamente esta tática que *ata as mãos* da social-democracia na luta contra a burguesia inconsequente e não a protege da diluição na democracia burguesa. Bem entendido que das falsas premissas da resolução se obtém uma consequência falsa: "Por isso a social-democracia não deve propor-se o objetivo de tomar ou compartilhar o poder no governo provisório, mas deve continuar a ser o partido da oposição revolucionária extrema". Vejam a primeira metade dessa conclusão, relacionada ao estabelecimento dos objetivos. Estariam os novo-iskristas colocando como objetivo da atuação social-democrata a vitória decisiva da revolução sobre o tsarismo? Estariam. Não sabem formular acertadamente as condições da vitória decisiva, desviando-se para a formulação "osvobojdienista", mas colocam o objetivo mencionado. Em seguida, relacionam o governo provisório com a insurreição? Sim, relacionam-no diretamente ao dizer que o governo provisório "surgirá da insurreição popular vitoriosa". Finalmente, colocam para si o objetivo de dirigir a insurreição? Sim, evitam, como o sr. Struve, reconhecer o caráter necessário e inadiável da insurreição, mas, ao mesmo tempo, diferentemente do sr. Struve, dizem que a "social-democracia aspira a *subordiná-la* (a insurreição) à sua influência e *direção* e a utilizá-la no interesse da classe operária".

Tudo isso é muito coerente, não é verdade? Nós nos colocamos como *objetivo* subordinar a insurreição das massas proletárias e *não proletárias* à nossa influência, à nossa direção; utilizá-la nos nossos interesses. Por conseguinte, colocamo-nos como fim dirigir, durante a insurreição, tanto o proletariado como a burguesia revolucionária e a pequena-burguesia ("grupos não proletários"), isto é, "*partilhar*" a direção da insurreição entre a social-democracia e a burguesia revolucionária. Colocamo-nos como fim a *vitória* da insurreição, a qual deve conduzir à instauração de um governo provisório ("surgido da insurreição popular vitoriosa"). *Por isso...* por isso não nos devemos colocar como objetivo tomar ou compartilhar o poder no governo provisório revolucionário!

Nossos amigos não conseguem juntar uma ponta com a outra. Oscilam entre o ponto de vista do sr. Struve, que evita a insurreição, e o ponto de vista da social-democracia revolucionária, que incita à realização dessa tarefa inadiável. Oscilam entre o anarquismo, que condena, por princípio, como uma traição ao proletariado, qualquer participação no governo provisório revolucionário, e o marxismo, que exige essa participação na condição de que a social-democracia exerça uma influência dirigente na insurreição[1]. Eles não têm nenhuma posição independente: nem a posição do sr. Struve, que deseja chegar a um acordo com o tsarismo e, por isso, deve evitar e rodear a questão da insurreição; nem a posição dos anarquistas, que condenam qualquer ação "de cima" e qualquer participação na revolução burguesa. Os novo-iskristas confundem um acordo com o tsarismo com a vitória sobre o tsarismo. Querem participar da revolução burguesa. Foram um pouco mais longe que as *Duas ditaduras* de Martínov. Estão até dispostos a dirigir a insurreição do povo para renunciar a essa direção imediatamente depois da vitória (ou, talvez, imediatamente antes da vitória?), ou seja, para *não colher os frutos da vitória* e entregar todos os frutos *inteiramente à burguesia*. E é a isso que chamam "utilizar a insurreição no interesse da classe operária"...

Não há necessidade de nos determos mais tempo nessa confusão. Será mais útil examinar a sua *origem* na formulação que diz: "continuar a ser o partido da oposição revolucionária extrema".

Estamos diante de uma das posições conhecidas da social-democracia revolucionária internacional. Essa posição é perfeitamente acertada.

---

[1] Ver *Prolietári*, n. 3, "Sobre o governo provisório revolucionário", artigo segundo, em Vladímir Ilitch Lênin, *Obras completas* (5. ed., Moscou, Издательство Политической Литературы/Izdátelstvo Politítcheskoi Literatúry, 1963), t. 10, p. 241-50. (N. E. R.)

Converteu-se num lugar-comum para todos os adversários do revisionismo ou do oportunismo nos países parlamentares. Ganhou o direito à cidadania como resistência legítima e necessária ao "cretinismo parlamentar", ao millerandismo, ao bernsteinianismo, ao reformismo italiano no espírito de Turati. Os nossos bons novo-iskristas aprenderam de cor essa boa posição e aplicam-na zelosamente... *de maneira absolutamente despropositada*. As categorias da luta parlamentar são introduzidas em resoluções escritas para condições nas quais não existe nenhum parlamento. O conceito de "oposição", que é reflexo e expressão de uma situação política na qual ninguém fala seriamente de *insurreição*, transpõe-se absurdamente para uma situação em que uma insurreição *foi iniciada* e em que todos os partidários da revolução pensam e falam sobre sua direção. O desejo de "*permanecer*" na mesma situação que antes, ou seja, agindo apenas "a partir de baixo", manifesta-se com pompas e honrarias *precisamente quando* a revolução coloca a questão da necessidade, em caso de vitória da insurreição, de agir *de cima*.

Não, definitivamente não têm sorte os nossos novo-iskristas! Mesmo quando formulam uma posição social-democrata correta, não sabem aplicá-la corretamente. Não pensaram na maneira como se transformam e se convertem no seu oposto os conceitos e os termos da luta parlamentar na época em que se iniciou a revolução, quando não há parlamento, quando há guerra civil e se produzem as explosões da insurreição. Não pensaram que, nas condições que examinamos, as emendas se propõem por meio de manifestações de rua, as interpelações se fazem por meio de ações ofensivas de cidadãos armados, e a oposição ao governo se efetiva por meio da derrubada violenta do governo.

Da mesma forma que o famoso herói da nossa epopeia popular repetia os bons conselhos exatamente quando eram inoportunos, também nossos admiradores de Martínov repetem as lições do parlamentarismo pacífico exatamente quando eles mesmos verificam o começo das hostilidades diretas. Não há nada mais curioso do que essa maneira de formular, com ares de importância, a palavra de ordem "oposição extrema" numa resolução que começa aludindo à "vitória decisiva da revolução", à "insurreição popular"! Vejam bem, senhores, o que significa representar a "oposição extrema" na época de uma insurreição? Significa denunciar o governo ou derrubá-lo? Significa votar contra o governo ou infligir uma derrota às suas forças armadas num combate aberto? Significa recusar encher o tesouro do governo ou significa a tomada revolucionária desse tesouro para sua conversão para as necessidades da insurreição, o armamento dos operários e camponeses, a convocação da assembleia constituinte? Não estão começando a entender, senhores, que o conceito de "oposição extrema" expressa apenas a negação de denunciar, votar contra, recusar? E por quê? Porque esse conceito se refere apenas à luta parlamentar e, além do mais, numa época em que ninguém coloca como objetivo imediato da luta a "vitória decisiva". Não estão começando a entender que as coisas mudam cardinalmente nesse aspecto a partir do momento em que o povo politicamente oprimido inicia o ataque decisivo, em toda a linha, para a luta desesperada pela vitória?

Os operários nos perguntam se seria necessário assumir, de maneira enérgica, a causa urgente da insurreição. Que fazer para que a insurreição iniciada seja vitoriosa? Como tirar proveito da vitória? Que programa, então, pode e deve ser aproveitado? Os novo-iskristas, que aprofundam o marxismo, respondem: devemos continuar a ser o partido da oposição revolucionária extrema... Pois bem, não estávamos certos quando chamamos esses virtuosos cavalheiros de filisteus?

10

"COMUNAS REVOLUCIONÁRIAS" E DITADURA REVOLUCIONÁRIA DEMOCRÁTICA DO PROLETARIADO E DO CAMPESINATO

A conferência dos novo-iskristas não se manteve na posição anarquista a que tinha chegado o novo *Iskra* (somente "a partir de baixo", e não "a partir de baixo e de cima"). O absurdo de admitir a insurreição e não admitir a vitória e a participação no governo provisório revolucionário saltava demasiadamente aos olhos. Por isso a resolução introduziu certas ressalvas e restrições na solução que Martínov e Mártov davam à questão. Examinemos essas ressalvas, expostas na seguinte parte da resolução:

> Essa tática ("permanecer o partido da oposição revolucionária extrema") não exclui, é claro, no mínimo que seja, a conveniência da tomada parcial, episódica, do poder e da formação de comunas revolucionárias em tal ou qual cidade, em tal ou qual região, com o interesse exclusivo de contribuir para a disseminação da insurreição e para a desorganização do governo.

Se é assim, quer dizer que, por princípio, se aceita a ação não apenas a partir de baixo mas também a partir de cima. Quer dizer que a posição sustentada no famoso folhetim de L. Mártov no *Iskra* (n. 93) é rejeitada, e é reconhecida como justa a tática do jornal *Vperiod*: não só "a partir de baixo" mas também "a partir de cima".

Além disso, a tomada do poder (mesmo parcial, episódica etc.) pressupõe, evidentemente, a participação não só da social-democracia e não só do proletariado. Isso se deve ao fato de que não é somente o proletariado que está interessado na revolução democrática e que dela participa ativamente. Isso se dá porque a insurreição é "popular", como se diz no início da resolução que examinamos, e dela participam também "grupos não proletários" (expressão da resolução dos conferencistas sobre a insurreição), ou seja, também a burguesia. Desse modo, o princípio que o *Vperiod* procurava alcançar *foi lançado para fora do navio pela conferência* – ainda que ela alegasse que toda a participação dos socialistas com a pequena burguesia no governo provisório revolucionário era uma traição à classe operária. A "traição" não deixa de ser traição pelo fato de ser a ação que a determina parcial, episódica, regional etc. Desse modo, a equiparação do jauressismo vulgar à participação no governo provisório revolucionário que o *Vperiod* defende *foi lançada para fora do navio pela conferência.* Um governo não deixa de ser governo pelo fato de o seu poder se disseminar não a muitas cidades, mas a uma cidade, não a muitas regiões, mas a uma região, tampouco deixa de o ser pelo nome que tiver esse governo. Assim sendo, *o modo principista de colocar a questão* que o novo *Iskra* tentou oferecer *foi rejeitado pela conferência.*

Vejamos se são razoáveis as restrições que a conferência impõe à formação e à participação em governos revolucionários, doravante admitidas como princípio. Qual seria a diferença entre os conceitos de "episódico" e "provisório" não sabemos. Tememos que, nesse caso, uma palavra estrangeira e "nova" sirva aqui apenas para encobrir a ausência de uma ideia clara. Isso *parece* "mais profundo", mas, na verdade, é apenas mais obscuro e confuso. Em que se diferencia a "conveniência" da "tomada do poder" parcial numa cidade ou região, da participação no governo provisório revolucionário de todo o Estado? Será que entre as "cidades" não há uma como São Petersburgo, onde teve lugar o 9 de janeiro[1]? Será que, entre as regiões, não está a do Cáucaso, que é maior do que muitos Estados? Será que as tarefas (que outrora confundiam o novo *Iskra*) de lidar com as prisões, a polícia, o tesouro etc. etc. não se colocarão diante de nós com a "tomada do poder" de uma cidade que seja, que dirá de uma região? Ninguém negará, é claro, que, se as forças são insuficientes, se o sucesso da insurreição não é completo, se a vitória não é decisiva, são possíveis governos provisórios revolucionários parciais de cidades, entre outros. Mas que isso tem a ver, senhores?

---

[1] Domingo sangrento: no dia 9 (22) de janeiro de 1905, manifestantes que levavam uma petição ao tsar foram alvejados pela Guarda Imperial. O massacre resultou em escândalo público e em uma série de greves e levantes políticos, sendo considerado por muitos historiadores o marco inicial da fase ativa da Revolução de 1905. (N. E.)

Não seriam vocês mesmos a falar, no início da resolução, da "vitória decisiva da revolução", da "insurreição popular vitoriosa"?? Desde quando os sociais-democratas tomam para si a causa dos anarquistas: dispersar a atenção e os objetivos do proletariado? Orientá-lo para o "parcial", e não para o geral, uno, integral e completo? Ao pressuporem a "tomada do poder" numa cidade, vocês mesmos falam de "disseminação da insurreição" – a outra cidade, podemos pensar? A todas as cidades, é lícito esperar? As suas conclusões, senhores, são tão vacilantes e casuais, contraditórias e confusas, quanto as suas premissas. O III Congresso do POSDR deu uma resposta exaustiva e clara à questão do governo provisório revolucionário em geral. Essa resposta se aplica também a todos os governos provisórios parciais. A resposta da conferência, pelo contrário, ao separar de maneira artificial e arbitrária uma *parte* da questão, não procura senão *evitar* (mas sem sucesso) a questão em seu conjunto e semeia a confusão.

O que quer dizer "comunas revolucionárias"? Esse conceito se diferencia do de "governo provisório revolucionário" e, se sim, em quê? Isso nem os próprios senhores conferencistas sabem. A confusão do pensamento revolucionário os conduz, como sempre acontece, *à frase revolucionária*. Sim, o emprego do termo "comuna revolucionária" numa resolução de representantes da social-democracia é uma frase revolucionária, nada mais. Marx condenou, mais de uma vez, semelhante fraseologia, em que se encobrem, por debaixo de um termo "sedutor" de um *passado caduco*, as tarefas do futuro. O caráter sedutor de um termo que desempenhou um papel na história converte-se, em casos semelhantes, num ouropel inútil e nocivo, num chocalho. Precisamos oferecer aos operários e a todo o povo uma ideia clara e inequívoca *de por que* queremos a constituição de um governo provisório revolucionário, *de quais são precisamente as transformações* que realizaremos se exercermos amanhã influência decisiva sobre o poder, caso a insurreição popular já iniciada tenha um desenlace vitorioso. Eis as questões que adiante se colocam aos dirigentes políticos.

O III Congresso do POSDR responde a essas questões com a mais absoluta clareza, apresentando um programa completo dessas transformações: o programa mínimo do nosso partido. Já a palavra "comuna" não dá resposta alguma; só nos entopem a cabeça com sons longínquos... ou frases ocas. Quanto mais cara for para nós, por exemplo, a Comuna de Paris de 1871, tanto menos toleráveis serão nossas alusões a ela que não examinem os seus erros e as suas condições peculiares. Fazer isso equivaleria a repetir o exemplo absurdo dos blanquistas, ridicularizados por Engels, que se prosternavam (em 1874, no seu *Manifesto*) diante de qualquer ato da Comuna[2]. O que dirá o conferencista ao operário quando este o interrogar sobre *essa* "comuna revolucionária" que é mencionada na resolução? Poderá dizer-lhe apenas que, com esse nome, se conhece na história um governo operário que não sabia e não podia, então, distinguir entre os elementos da revolução democrática e os da socialista, que confundia as tarefas da luta pela república com as tarefas da luta pelo socialismo, que não soube cumprir a tarefa de uma ofensiva militar enérgica contra Versalhes, que cometeu o erro de não se apoderar do Banco de França etc. Em resumo, quando se referir, na sua resposta, à Comuna de Paris ou a qualquer outra, nossa resposta será esta: foi um governo *como o nosso não deve ser*. Bela resposta, nada a declarar! Isso não revelaria o verbalismo de um parvalhão e a impotência de um revolucionário, quando se faz silêncio quanto ao programa prático do partido e se começa inoportunamente a dar na resolução uma lição de história? Isso não demonstraria exatamente a existência do erro que pretendiam, em vão, nos imputar: a confusão da revolução democrática e da socialista, entre as quais nenhuma "comuna" estabeleceu a distinção?

Como objetivo "exclusivo" do governo provisório (tão inoportunamente qualificado de comuna), apresenta-se a disseminação da insurreição e a desorganização do governo. Esse "exclusivo" elimina, no sentido literal da palavra, qualquer outra tarefa, não sendo mais que uma reminiscência da teoria absurda de "somente a partir de baixo". Semelhante eliminação de outras tarefas é, uma vez mais, uma prova de miopia e irreflexão. A "comuna

---

[2] Lênin tem em vista o programa publicado em 1874 pelo grupo londrino dos blanquistas, ex-membros da Comuna de Paris. Ver o artigo de Friedrich Engels "Programa dos emigrados blanquistas da Comuna", em Karl Marx e Friedrich Engels, *Obras escolhidas em três tomos* (trad. José Barata Moura, Edições Avante!/Edições Progresso, Lisboa/Moscou, 1982, t.2; disponível em: https://www.marxists. org; acesso em: abr. 2022). (N. E. P.)

revolucionária", ou seja, o poder revolucionário, mesmo que apenas numa cidade, deverá ocupar-se inevitavelmente (mesmo que temporária, "parcial, episodicamente") de *todos* os assuntos estatais e, nesse caso, é o cúmulo da insensatez esconder a cabeça debaixo da asa. Esse poder deverá tanto decretar a jornada de oito horas quanto instituir a inspeção operária nas fábricas, organizar a instrução geral gratuita, implantar a elegibilidade dos juízes, constituir comitês camponeses etc.; em resumo, deverá realizar, sem falta, uma série de reformas. Incluí-las no conceito de "contribuir para a disseminação da insurreição" significaria jogar com as palavras e aumentar deliberadamente a falta de clareza onde é preciso que haja clareza absoluta.

* * *

A parte final da resolução novo-iskrista não oferece novos materiais para a crítica das tendências de princípio do "economismo" ressuscitado no nosso partido, mas de algum modo ilustra, a partir de outro ângulo, o que foi dito anteriormente.

Eis esta parte:

> Só num caso a social-democracia deveria, por iniciativa sua, dirigir os seus esforços no sentido de tomar o poder e, segundo as possibilidades, mantê-lo em suas mãos, a saber: no caso de a revolução se passar para os países avançados da Europa ocidental, nos quais já alcançaram certa [?] maturidade as condições para a realização do socialismo. Nesse caso, os estreitos limites históricos da revolução russa podem ampliar-se consideravelmente e se tornará possível embarcar na via das transformações socialistas.
>
> Estruturando sua tática no propósito de conservar para o partido social-democrata, no curso de todo o período revolucionário, a situação de oposição revolucionária extrema em relação a todos os governos que se sucedem durante a revolução, a social-democracia poderá preparar-se da melhor maneira para a utilização do poder governamental, caso este caia [??] nas suas mãos.

Aqui, a ideia fundamental é a mesma que o *Vperiod* formulou repetidamente ao dizer que não devemos temer (como teme Martínov) a vitória completa da social-democracia na revolução democrática, ou seja, a ditadura revolucionária democrática do proletariado e do campesinato, pois tal vitória nos dará a possibilidade de levantar a Europa, e o proletariado socialista europeu, tendo derrubado o jugo da burguesia, vai-nos ajudar, por sua vez, a realizar a revolução socialista. Mas vejam como essa ideia é degradada no enunciado novo-iskrista. Não nos deteremos nas particularidades do contrassenso de que o poder possa "cair" nas mãos de um partido consciente que considera nociva a tática da tomada do poder; de que, na Europa, as condições para o socialismo alcançaram não uma certa maturidade, mas a maturidade em geral; de que o programa do nosso partido não conhece transformações socialistas, mas conhece apenas a reviravolta socialista do poder. Tomemos a diferença principal e fundamental entre as ideias do *Vperiod* e as da resolução. O *Vperiod* indicou ao proletariado revolucionário da Rússia uma tarefa ativa: vencer a luta pela democracia e aproveitar essa vitória para alargar a revolução na Europa. A resolução não entende essa conexão entre a nossa "vitória decisiva" (não no sentido novo-iskrista) e a revolução na Europa e, por isso, não fala das tarefas do proletariado nem das perspectivas *da sua* vitória, mas de uma das possibilidades em geral: "no caso de a revolução se disseminar"... O *Vperiod* indicou de modo claro e definitivo – e essas indicações entraram na resolução do III Congresso do POSDR – como precisamente se pode e deve "utilizar o poder governamental" nos interesses do proletariado, considerando o que se pode realizar imediatamente no estado de desenvolvimento social que está dado e o que é necessário realizar primeiro como premissa democrática da luta pelo socialismo. Também nesse sentido a resolução se arrasta irremediavelmente na cauda quando diz que "poderá preparar-se para a utilização" sem saber dizer *como* se poderá, *como* se deverá preparar e *como* utilizá-lo. Não temos dúvidas, por exemplo, de que os novo-iskristas poderão preparar-se para a utilização da posição dirigente no partido, mas a verdade é que, até agora, a sua experiência dessa utilização e a sua preparação não infundem nenhuma esperança no que diz respeito à transformação da possibilidade em realidade...

O *Vperiod* disse em que consiste precisamente a possibilidade real "da possibilidade de manter o poder nas nossas mãos" – na ditadura revolucionária democrática do proletariado e do campesinato, na sua força de massas conjunta, capaz de superar todas as forças da contrarrevolução, na sua coincidência inevitável de interesses em relação às transformações *democráticas*. A resolução da conferência também nada dá de positivo nesse sentido, limitando-se somente a evitar a questão. Isso porque a possibilidade de manter o poder na Rússia deve ser condicionada pela composição das forças sociais da própria Rússia, pelas condições da revolução democrática que agora está em curso entre nós. Ora, a vitória do proletariado na Europa (e da passagem da revolução à Europa até a vitória do proletariado há ainda uma certa distância) provocará uma luta contrarrevolucionária desesperada por parte da burguesia russa; e a resolução dos novo-iskristas não diz uma só palavra sobre essa força contrarrevolucionária, cuja importância foi devidamente apreciada na resolução do III Congresso do POSDR. Se na luta pela república e pela democracia não pudéssemos, além do proletariado, apoiar-nos nos camponeses, "manter o poder" seria, então, uma causa perdida. E, se não é uma causa perdida, se a "vitória decisiva da revolução sobre o tsarismo" abre tal possibilidade, devemos, portanto, apontá-la, convocar ativamente à transformação da possibilidade em realidade, oferecer palavras de ordem práticas não só *para o caso* de a revolução se alargar à Europa, mas também *para que* isso se realize. Nos rabeiristas da social-democracia, a referência aos "estreitos limites históricos da revolução russa" encobre apenas a concepção estreita das tarefas dessa revolução democrática e do papel dirigente do proletariado nessa revolução!

Uma das objeções contra a palavra de ordem da "ditadura revolucionária democrática do proletariado e do campesinato" consiste em que a ditadura pressupõe a "unidade de vontade" (*Iskra*, n. 95), e a unidade de vontade entre o proletariado e a pequena burguesia é impossível. Essa objeção é inconsistente, pois se baseia numa interpretação abstrata, "metafísica", da noção de "unidade de vontade". A vontade pode ser única num sentido e não ser única no outro. A ausência de unidade nas questões do socialismo e na luta pelo socialismo não exclui a unidade de vontade nas questões da democracia e na luta pela república. Esquecer-se disso significaria esquecer-se da diferença lógica e histórica entre a revolução democrática e a socialista. Esquecer-se disso significaria esquecer-se do caráter *nacional* da revolução democrática: se é "nacional", significa que existe "unidade de vontade", justamente na medida em que essa revolução satisfaz as necessidades e as exigências nacionais. Para além dos limites do democratismo, nem sequer se pode falar de unidade de vontade entre o proletariado e a burguesia camponesa. A luta de classes entre eles é inevitável, mas, no terreno da república democrática, será a luta popular mais profunda e mais ampla *pelo socialismo*. A ditadura revolucionária democrática do proletariado e do campesinato tem, como tudo no mundo, o seu passado e o seu futuro. O seu passado é a autocracia, o regime de servidão, a monarquia, os privilégios. Na luta contra esse passado, no combate à contrarrevolução, é possível a "unidade de vontade" do proletariado e do campesinato, pois existe unidade de interesses.

O seu futuro é a luta contra a propriedade privada, a luta do trabalhador assalariado contra o patrão, a luta pelo socialismo. Aqui, a unidade de vontade é impossível*. Temos diante de nós não o caminho da autocracia à república, mas o caminho da república democrática pequeno-burguesa ao socialismo.

É claro que, numa situação histórica concreta, se entrelaçam os elementos do passado e do futuro, um caminho se confunde com outro. O trabalho assalariado e a sua luta contra a propriedade privada existem também sob a autocracia, nascem no regime de servidão. Mas isso não nos impede minimamente de distinguir, lógica e historicamente, os grandes períodos do desenvolvimento. Ora, todos nós contrapomos a revolução burguesa e a socialista; todos nós insistimos incondicionalmente na necessidade de estabelecer uma distinção rigorosa entre elas, mas será possível negar que, na história, elementos isolados, *particulares*, de uma e outra revolução se entrelaçam? Será que a época das revoluções democráticas na Europa não teria conhecido uma série de movimentos socialistas e tentativas socialistas? E será que a futura revolução socialista na Europa não terá, ainda, muito, muito que fazer no sentido do democratismo?

O social-democrata não deve nunca, nem por um instante, esquecer-se da inevitabilidade da luta de classe do proletariado pelo socialismo, mesmo contra a burguesia e a pequena burguesia mais democráticas e republicanas. Isso é indubitável. Daí decorre a necessidade absoluta de que a

---

* O desenvolvimento ainda mais amplo e veloz do capitalismo, em condições de liberdade, porá um fim rápido na unidade de vontade, tanto mais rápido quanto maior a rapidez com que for esmagada a contrarrevolução e a reação.

social-democracia tenha um partido próprio, independente, rigorosamente de classe, assim como o caráter temporário da nossa palavra de ordem "bater junto" com a burguesia, o dever de vigiar rigorosamente "o aliado, como se fosse um inimigo" etc. Tudo isso não padece também da menor dúvida. Mas seria ridículo e reacionário esquecer, ignorar ou menosprezar, por causa disso, as tarefas essenciais do momento, mesmo que sejam transitórias e temporárias. A luta contra a autocracia é uma tarefa temporária e transitória dos socialistas, mas ignorar ou menosprezar em qualquer medida essa tarefa equivale a trair o socialismo e a servir à reação. A ditadura revolucionária democrática do proletariado e do campesinato é indiscutivelmente apenas uma tarefa transitória e temporária dos socialistas, mas ignorá-la na época da revolução democrática é abertamente reacionário.

As tarefas políticas concretas devem ser colocadas numa situação concreta. Tudo é relativo, tudo flui, tudo muda. A social-democracia alemã não inclui no seu programa a reivindicação da república. Nesse país, a situação é tal que essa questão dificilmente pode ser separada, na prática, da questão do socialismo (se bem que, em relação à Alemanha, Engels, nas suas observações sobre o projeto de programa de Erfurt, em 1891, advertisse contra a tendência de menosprezar a importância da república e da luta pela república![3]). Na social-democracia russa nem sequer surgiu a questão de excluir do programa e da agitação a reivindicação da república, pois, em nosso país, nem sequer se coloca o tema de uma ligação indissolúvel entre as questões da república e do socialismo. Era natural que um social-democrata alemão

---

[3]   O Programa de Erfurt do Partido Social-Democrata da Alemanha foi aprovado em outubro de 1891 no congresso que se efetuou em Erfurt. Foi um passo à frente em relação ao Programa de Gotha (1875). Colocou-se, na base do programa, a doutrina do marxismo sobre a inevitabilidade da queda do modo de produção capitalista e da sua substituição pelo socialista; sublinhava-se nele a necessidade de a classe operária conduzir a luta política e salientava-se o papel do partido como dirigente dessa luta etc. Mas também havia, no programa de Erfurt, sérias concessões ao oportunismo. Engels fez uma crítica pormenorizada ao projeto do programa de Erfurt; foi, no fundo, uma crítica ao oportunismo de toda a II Internacional, para cujos partidos o programa de Erfurt era um modelo. Contudo, a direção da social-democracia alemã ocultou às massas do partido a crítica de Engels, e as suas observações mais importantes não foram tomadas em consideração ao elaborar o texto final do programa. Lênin considerava como deficiência principal e concessão covarde ao oportunismo o fato de o programa de Erfurt passar em silêncio a ditadura do proletariado. (N. E. P.)

de 1898 que não colocasse em primeiro plano a questão da república não provocasse nem surpresa nem censura. Mas um social-democrata alemão que, em 1848, deixasse o assunto na sombra teria sido diretamente um traidor da revolução. Não existe verdade abstrata. A verdade é sempre concreta.

Chegará o tempo em que estará terminada a luta contra a autocracia russa, em que terá passado a época da revolução democrática na Rússia, em que será ridículo falar de "unidade de vontade" do proletariado e do campesinato, de ditadura democrática etc. Pensaremos, então, diretamente, na ditadura socialista do proletariado e falaremos dela de maneira mais detalhada. Mas, hoje em dia, o partido da classe avançada não pode deixar de se esforçar, da maneira mais enérgica, para a vitória decisiva da revolução democrática sobre o tsarismo. E a vitória decisiva não é outra coisa senão a ditadura revolucionária democrática do proletariado e do campesinato.

NOTA[4]

1) Recordamos ao leitor que, na polêmica do *Iskra* com o *Vperiod*, o primeiro se referia, entre outras coisas, a uma carta de Engels a Turati na qual Engels advertia o (futuro) líder dos reformistas italianos de que não confundisse a revolução democrática com a socialista. A iminente revolução próxima na Itália – escreveu Engels referindo-se à situação política da Itália em 1894 – será pequeno-burguesa, democrática, não socialista. O *Iskra* acusava o *Vperiod* de ter-se afastado do princípio estabelecido por Engels. Essa acusação era injusta, pois o *Vperiod* (n. 14) reconhecia plenamente, em geral, a exatidão da teoria de Marx sobre a diferença entre as três forças principais das revoluções do século XIX[5]. Segundo essa teoria, contra o velho regime, a

---

[4] A nota ao capítulo 10º do livro *Duas táticas da social-democracia na revolução democrática* foi escrita em folhas separadas durante a redação do livro. No manuscrito da nota, Lênin fez a anotação: "inserir no § 10". A nota não entrou na primeira edição do livro, tal como não entrou também ao ser publicado o livro na coletânea *Em doze anos*, em 1907. Foi publicada pela primeira vez em 1926, no tomo 5 da Coletânea leninista. (N. E. R.)

[5] Ver Vladímir Ilitch Lênin, *Obras completas* (5. ed., Moscou, Издательство Политической Литературы/Izdátelstvo Polítítcheskoi Literatúry, 1963), t. 10, p. 1-19. (N. E. R.)

autocracia, o feudalismo e o regime de servidão atuam: 1) a grande burguesia liberal; 2) a pequena burguesia radical; 3) o proletariado. A primeira não luta por mais do que uma monarquia constitucional; a segunda, pela república democrática; o terceiro, pela revolução socialista. A confusão entre a luta pequeno-burguesa por uma revolução democrática completa e a luta proletária pela revolução socialista constitui, para um socialista, uma ameaça de bancarrota política. Essa advertência de Marx está totalmente certa. Mas é justamente por isso que a palavra de ordem de "comunas revolucionárias" é errada, pois as comunas que se conhecem na história confundiam precisamente a revolução democrática com a socialista. Pelo contrário, a nossa palavra de ordem, ditadura revolucionária democrática do proletariado e do campesinato, nos resguarda plenamente desse erro. Reconhecendo incondicionalmente o caráter burguês da revolução, que é incapaz de ultrapassar *imediatamente* os limites de uma revolução apenas democrática, a nossa palavra de ordem *impulsiona para a frente* essa revolução concreta; procura dar-lhe as formas mais vantajosas para o proletariado; procura, consequentemente, aproveitar o máximo a revolução democrática, com o objetivo de que a luta vindoura do proletariado pelo socialismo tenha o maior dos êxitos.

11

BREVE COMPARAÇÃO ENTRE ALGUMAS RESOLUÇÕES DO III CONGRESSO DO POSDR E DA CONFERÊNCIA

A questão do governo provisório revolucionário é o ponto central dos problemas táticos da social-democracia no momento presente. Não há possibilidade nem necessidade de nos determos do mesmo modo pormenorizado no resto das resoluções da conferência. Basta nos limitarmos a indicar brevemente alguns pontos que confirmam a diferença de princípio por nós analisada mais atrás quanto à orientação tática das resoluções do III Congresso do POSDR e das resoluções da conferência.

Tomem a questão da atitude em relação à tática do governo às vésperas da revolução. Vocês encontrarão, mais uma vez, uma resposta completa a ela na resolução do III Congresso do POSDR. Essa resolução considera todas as diversas condições e tarefas de um momento particular: o desmascaramento da hipocrisia das concessões do governo e a utilização das "formas caricaturais de representação popular", a satisfação revolucionária das reivindicações urgentes da classe operária (sendo a jornada de oito horas a principal delas), e, por fim, a resistência aos Cem-negros. Nas resoluções da conferência, a questão está dispersa em diversas seções: a "resistência às forças tenebrosas da reação" só é lembrada nos considerandos da resolução sobre a atitude para com outros partidos. A participação nas eleições para as instituições representativas é examinada separadamente dos "compromissos" do tsarismo com a burguesia. Em vez de um chamado para a implantação, por via revolucionária, da jornada de oito horas, uma resolução especial, intitulada pomposamente "sobre a luta econômica" só faz repetir (depois de palavras sonoras e muito pouco inteligentes acerca do "lugar central ocupado pela questão operária na vida social russa") a velha palavra de ordem de fazer agitação pela "instituição legislativa da jornada de oito horas". A insuficiência e o atraso dessa palavra de ordem no momento presente são demasiadamente claros para que seja necessário nos determos a demonstrá-lo.

A questão da intervenção política aberta. O III Congresso tem em conta uma próxima mudança *radical* da nossa atividade. Não se deve abandonar de forma alguma a atividade conspirativa e o desenvolvimento do aparelho conspirativo: isso seria estar nas mãos da polícia e absolutamente vantajoso para o governo. Mas agora já não se pode deixar de pensar também na intervenção aberta. É preciso *preparar* imediatamente as formas convenientes de tal intervenção e, consequentemente, aparelhos especiais, menos conspirativos, para tal objetivo. É necessário usar as sociedades legais e semilegais para convertê-las, de acordo com as possibilidades, em pontos de apoio do futuro partido operário social-democrata legal na Rússia.

Também aqui a conferência fragmenta a questão sem dar nenhuma palavra de ordem completa. Ressalta especialmente a ridícula incumbência atribuída à Comissão de Organização de cuidar da "alocação" dos literatos legais. É completamente absurda a decisão de "submeter à sua influência os jornais democráticos que se propõem como fim prestar ajuda ao movimento operário". Esse objetivo é colocado por todos os nossos jornais liberais legais, que seguem quase totalmente a orientação da *Osvobojdiénie.* Por que é que a redação do *Iskra* não começa ela própria a seguir seu conselho e não nos dá o exemplo de como submeter a *Osvobojdiénie* à influência social-democrata? Em vez da palavra de ordem de aproveitar as associações legais para a criação de pontos de apoio do *partido*, ela nos dá, em primeiro lugar, um conselho particular sobre as organizações unicamente "profissionais" (participação obrigatória dos membros do partido nelas) e, em segundo lugar, o conselho de dirigir "as organizações revolucionárias dos operários" = "organizações não legalizadas" = "clubes revolucionários de operários". Como é que esses clubes foram parar entre as organizações não legalizadas, que espécie de clubes são eles, só Alá para saber. Em vez de diretivas precisas e claras da instituição mais alta do partido, vemos uns esboços de pensamentos e rascunhos de notas de literatos. Não se obtém nenhum um quadro completo de como o partido deve começar a passar para uma base completamente diferente em todo o seu trabalho.

A "questão camponesa" é apresentada de maneira totalmente diferente pelo congresso do partido e pela conferência. O congresso elaborou uma resolução sobre "a relação com o movimento camponês". A conferência, sobre "o trabalho entre os camponeses". Num caso, são colocadas em primeiro plano as tarefas da direção, no interesse da luta geral nacional contra o tsarismo, de todo o amplo movimento democrático revolucionário. Em outro caso, a coisa reduz-se ao "trabalho" entre uma camada social determinada. Num caso, apresenta-se como palavra de ordem central prática de agitação a criação imediata de comitês camponeses revolucionários para a realização de todas as transformações democráticas. No outro, a "reivindicação da organização dos comitês" deve ser apresentada à assembleia constituinte. Por que temos de esperar necessariamente por essa assembleia constituinte? Será ela, efetivamente, constituinte? Será sólida, sem a constituição prévia e simultânea dos comitês camponeses revolucionários? Todas essas questões não foram levadas em conta pela conferência. Em todas as suas resoluções, reflete-se, assim, também a ideia geral que traçamos, a de que na revolução burguesa devemos nos limitar unicamente ao nosso trabalho especial, sem nos colocarmos o objetivo de dirigir todo o movimento democrático e de o guiar de modo independente. Assim como os "economistas" costumavam incorrer na ideia de que a luta econômica seria para os sociais-democratas, enquanto a luta política seria para os liberais, também os novo-iskristas, em suas reflexões, sempre acabam por nos relegar a um canto modesto à margem da revolução burguesa, sendo a burguesia sua condutora ativa.

Finalmente, não se pode deixar de assinalar a resolução sobre a atitude em relação aos outros partidos. A resolução do III Congresso do POSDR fala em desmascarar toda a limitação e insuficiência do movimento de libertação burguês, sem alimentar a ideia ingênua de enumerar, de congresso em congresso, todos os possíveis casos dessa limitação e de traçar uma linha de demarcação entre os burgueses bons e os burgueses maus. A conferência, repetindo o erro de Starover, procura tenazmente essa linha e desenvolve a famosa teoria do "papel de tornassol". Starover partia de uma ideia muito boa: apresentar à burguesia condições mais severas. Ele se esqueceu apenas de que qualquer tentativa para distinguir de antemão entre os democratas burgueses que merecem aprovação, um acordo etc. e os que não merecem, conduz a uma "fórmula" que o desenvolvimento dos acontecimentos lança para fora do navio e leva a confusão à consciência de classe proletária. O centro de gravidade transfere-se da unidade real na luta para declarações, promessas, palavras de ordem. Starover considerava que essa palavra de ordem radical era "o sufrágio universal, igual, direto e secreto". Não se passaram nem dois anos e o "papel de tornassol" já tinha demonstrado a sua ineficácia; os osvobojdienistas apropriaram-se da palavra de ordem de sufrágio universal, mas nem por isso se aproximaram da social-democracia – pelo contrário, tentaram, justamente por meio dessa palavra de ordem, enganar os operários e afastá-los do socialismo.

Doravante, os novo-iskristas impõem "condições" ainda mais "severas": "exigem" dos inimigos do tsarismo "que apoiem de maneira enérgica e inequívoca (!?) quaisquer ações decididas do proletariado organizado" etc., e até mesmo "uma participação ativa no autoarmamento do povo". A linha de demarcação foi levada muito mais além e, apesar disso, *já está de novo obsoleta*, demonstrou imediatamente ser inadequada. Por que é que, por exemplo, falta a palavra de ordem da república? Como é que, no interesse da "guerra revolucionária implacável contra todos os fundamentos do regime monárquico de estados sociais", os sociais-democratas "exigem" dos democratas burgueses tudo o que se queira, exceto a luta pela república?

Que essa questão nãoé uma querela, que o erro dos novo-iskristas é da mais vital importância política, isso é demonstrado pela "União de Emancipação da Rússia" (ver *Prolietári*, n. 4)*. Esses "inimigos do tsarismo" responderão plenamente a todas as "exigências" dos novo-iskristas. E, entretanto, nós mostramos que o espírito osvobojdienista reina no programa (ou

---

* No n. 4 do *Prolietári*, publicado em 4 de junho de 1905, saiu um extenso artigo intitulado "Nova União Operária Revolucionária". [Vladímir Ilitch Lênin, *Obras completas*, 5 ed., Moscou, Издательство Политической Литературы/Izdátelstvo Polititcheskoi Literatúry, 1963, t. 10, p. 278-90 (N. E. R.)] No artigo, dá-se a conhecer o conteúdo dos apelos dessa união, que tomou o nome de "União de Emancipação da Rússia" e que se colocava como objetivo convocar, por meio da insurreição armada, a assembleia constituinte. Em seguida, o artigo define a atitude da social-democracia em relação a essas uniões sem partido. Ignoramos, em absoluto, em que medida tal união teve existência real e qual foi a sua sorte na revolução. [Nota à edição de 1907.]

na falta dele) dessa "União de Emancipação da Rússia" e que os osvobojdienistas podem levá-la a reboque com facilidade. Contudo, a conferência declara, no final da resolução, que "a social-democracia continuará a opor-se, como sendo *hipócritas amigos do povo*, a todos os partidos políticos que, desfraldando a bandeira liberal e democrática, se recusam a apoiar de fato a luta revolucionária do proletariado". A "União de Emancipação da Rússia" não só não nega como oferece empenhadamente esse apoio. Isso seria uma garantia de que seus líderes não são "hipócritas amigos do povo", apesar de serem osvobojdienistas?

Como se vê: apresentando de antemão as "condições" e fazendo "exigências" cômicas pela sua temível impotência, os novo-iskristas colocam-se de imediato em situação ridícula. Tais condições e exigências revelam-se imediatamente insuficientes para apreciar a realidade viva. Sua corrida atrás de fórmulas é desesperada, uma vez que nenhuma fórmula é capaz de captar todas e cada uma das manifestações da hipocrisia, da inconsequência e da limitação da democracia burguesa. Não se trata de "papel de tornassol", nem de fórmulas, nem de exigências escritas e impressas, nem de traçar, de antemão, uma linha de demarcação entre os "amigos do povo" hipócritas e não hipócritas, mas da unidade real da luta, da crítica persistente por parte dos sociais-democratas de todo passo "vacilante" da democracia burguesa. Para a "coesão real de todas as forças sociais interessadas na reorganização democrática", não são necessários os "pontos" sobre os quais a conferência trabalhou com tanto empenho e tão inutilmente, mas habilidade para lançar palavras de ordem realmente revolucionárias. Palavras de ordem que elevem a burguesia revolucionária e republicana ao nível do proletariado, e não que rebaixem as tarefas do proletariado ao nível da burguesia monárquica. Para tanto, é necessária uma participação mais enérgica na insurreição, e não opor reservas verbalistas à tarefa inadiável da insurreição armada.

12

A REVOLUÇÃO DEMOCRÁTICA ENFRAQUECERÁ SE A BURGUESIA RECUAR?

As linhas acima já estavam escritas quando recebemos as resoluções da Conferência Caucasiana dos novo-iskristas publicadas pelo *Iskra*. *Pour la bonne bouche* (o melhor para o final), não poderíamos imaginar material mais adequado.

A redação do *Iskra* observa com razão: "Na questão fundamental da tática, a Conferência Caucasiana adotou também uma decisão *análoga* (é verdade!) 'à tomada pela conferência de toda a Rússia'" (ou seja, novo-iskristas...). "A questão da relação da social-democracia com o governo provisório revolucionário foi resolvida pelos camaradas caucasianos no sentido da atitude mais negativa perante o novo método preconizado pelo grupo do *Vperiod* e pelos delegados ao assim chamado congresso que aderiram a esse grupo." "É preciso reconhecer como *deveras acertada* a formulação dada pela conferência da tática do partido proletário na revolução burguesa."

O que é verdade é verdade. Ninguém teria podido dar uma formulação mais "acertada" do erro capital dos novo-iskristas. Citemos essa formulação completa, primeiro, destacando entre parêntesis as flores e, em seguida, os frutos apresentados no final.

Resolução da Conferência Caucasiana dos novo-iskristas sobre o governo provisório:

> Considerando que a nossa tarefa consiste em utilizar o momento revolucionário para aprofundar (mas é claro! Deveriam ter acrescentado: aprofundar à maneira martinovista!) a consciência social-democrata do proletariado (unicamente para aprofundar a consciência e não para conquistar a república? Que compreensão "profunda" da revolução!), a conferência, com o fim de garantir para o partido a mais completa liberdade de crítica em relação à estrutura estatal-burguesa nascente (garantir a república não é um tema nosso! O nosso tema é unicamente garantir a liberdade de crítica. As ideias anarquistas engendram a

linguagem anarquista: a estrutura "estatal-burguesa"!), declara-se contra a formação de um governo provisório social-democrata e contra a entrada nele (recordem a resolução dos bakuninistas citada por Engels e adotada dez meses antes da revolução espanhola: ver *Prolietári*, n. 3[1]) e considera que o mais racional é exercer uma pressão de fora (a partir de baixo, não de cima) sobre o governo provisório burguês para a democratização possível (?!) da estrutura do Estado. A conferência acredita que a formação de um governo provisório pelos sociais-democratas, ou a sua entrada neste, teria por efeito, por um lado, afastar do partido social-democrata as grandes massas do proletariado, desapontadas com ele, pois a social-democracia, apesar da tomada do poder, não poderia satisfazer as necessidades vitais da classe operária até que se realizasse o socialismo" (a república não é uma necessidade vital! Os autores não notam, na sua inocência, que falam uma linguagem puramente anarquista, como se rejeitassem a participação nas revoluções burguesas!) "e, por outro lado, *obrigaria as classes burguesas a afastar-se da revolução, diminuindo, desse modo, o seu alcance.*"

Este é o xis da questão. É aqui que as ideias anarquistas se entrelaçam (como acontece também constantemente com os bernsteinianos da Europa ocidental) com o mais puro oportunismo. Imaginem só: não entrar no governo provisório porque isso obrigaria a burguesia a afastar-se da revolução, diminuindo, assim, o alcance dela! Temos aqui, diante de nós, por inteiro, na sua forma pura e consequente, essa filosofia novo-iskrista, segundo a qual, uma vez que a revolução é burguesa, devemos nos inclinar diante da vulgaridade burguesa e ceder-lhe caminho. Se nos deixássemos guiar, ainda que parcialmente, ainda que por um minuto, pela consideração de que a nossa participação pode obrigar a burguesia a afastar-se, cederíamos totalmente, em consequência disso, a primazia da revolução às classes burguesas. Entregaríamos, assim, inteiramente o proletariado à tutela da burguesia (reservando-nos a completa "liberdade de crítica"!!!), obrigando o proletariado a ser moderado e dócil para que a burguesia não se afaste. Estaríamos castrando as necessidades mais vitais do proletariado, justamente as suas

---

[1] No n. 3 do jornal *Prolietári*, foi publicado o artigo de Lênin "Sobre o governo provisório revolucionário" (artigo dois). Nele, Lênin cita o artigo de Engels, "Os bakuninistas em ação. Notas sobre a insurreição na Espanha no verão de 1873" [ed. port. disponível em: https://www.marxists.org; acesso em: abr. 2022.], no qual critica a resolução dos bakuninistas, mencionada por Lênin. (N. E.P.)

necessidades políticas, que nunca foram bem compreendidas pelos "economistas" e seus epígonos, estaríamos castrando-as para que a burguesia não se afaste. Estaríamos passando totalmente do terreno da luta revolucionária pela efetivação da democracia nos limites necessários ao proletariado para o terreno da negociata com a burguesia, comprando, com a nossa traição aos princípios, com a nossa traição à revolução, o consentimento voluntário da burguesia ("para que não se afaste").

Em duas pequenas linhas, os novo-iskristas caucasianos souberam exprimir toda a essência da tática de traição à revolução, de conversão do proletariado num miserável apêndice das classes burguesas. Aquilo que concluímos anteriormente dos erros da tendência novo-iskrista ergue-se agora diante de nós num princípio claro e definido: ficar na cauda da burguesia monárquica. Uma vez que a efetivação da república obrigaria (e já obriga – serve de exemplo o sr. Struve) a burguesia a afastar-se, logo, abaixo a luta pela república. Uma vez que toda a reivindicação democrática enérgica do proletariado levada até o fim obriga, sempre e em todo o mundo, a burguesia a afastar-se, logo, escondam-se nos buracos, camaradas operários, atuem apenas de fora, não pensem em utilizar para a revolução os instrumentos e os meios da estrutura "estatal-burguesa" e reservem para si a "liberdade de crítica".

Aqui se manifesta a falsidade fundamental, na própria compreensão do termo "revolução burguesa". A sua "compreensão" martinoviana ou novo-iskrista conduz diretamente à traição da causa do proletariado na mão da burguesia.

Quem se esqueceu do antigo "economismo", quem não estuda e quem não se recorda dele dificilmente poderá compreender o atual arroto do "economismo". Lembrem-se do *Credo* bernsteiniano. Das opiniões e dos programas "puramente proletários", as pessoas concluíram: para nós, sociais-democratas, o econômico, a verdadeira causa operária, a liberdade de criticar qualquer politicagem, o verdadeiro aprofundamento do trabalho social-democrata. Para eles, para os liberais, a política. Deus nos livre de cair no "revolucionarismo": isso obrigaria a burguesia a afastar-se. Quem reler inteiramente o *Credo* ou o *Suplemento* especial ao n. 9 do *Rabótchaia Misl* (setembro de 1899) poderá conferir todo o percurso dessa reflexão.

Agora ocorre o mesmo, mas em grande escala, aplicado à avaliação de toda a "grande" revolução russa – desgraçadamente banalizada e rebaixada de antemão até a caricatura pelos teóricos do filisteísmo ortodoxo! Para nós, sociais-democratas, a liberdade de crítica, o aprofundamento da consciência, a ação a partir de fora. Para eles, para as classes burguesas, a liberdade de causa, o campo livre para a sua direção revolucionária (leia-se: liberal), a livre realização de "reformas" a partir de cima.

Esses vulgarizadores do marxismo nunca refletiram sobre as palavras de Marx a respeito da substituição necessária da arma da crítica pela crítica das armas[2]. Invocando em vão o nome de Marx, na prática, elaboram resoluções táticas absolutamente no espírito dos falastrões burgueses de Frankfurt, que criticavam livremente o absolutismo, aprofundavam a consciência democrática e não compreendiam que o tempo da revolução é o tempo da ação, da ação tanto a partir de cima quanto a partir de baixo. Ao converter o marxismo em verbalismo, fizeram da ideologia da classe revolucionária mais avançada, decidida e enérgica uma ideologia de seus setores menos desenvolvidos, os quais se esquivam às difíceis tarefas democráticas revolucionárias e as confiam aos senhores Struve.

Se, devido à entrada da social-democracia no governo revolucionário, as classes burguesas se afastarem da causa da revolução, então, "diminuirá o seu alcance".

Ouçam, operários russos: o alcance da revolução será maior se a conduzirem não assustados pelos sociais-democratas – os senhores Struve, que não querem a vitória sobre o tsarismo, mas um acordo com ele. O alcance da revolução será mais forte se, dos dois desenlaces possíveis apontados por nós anteriormente, se efetivar o primeiro, ou seja, se a burguesia monárquica chegar a um entendimento com a autocracia na base de uma "constituição" no estilo chipovista!

Os sociais-democratas que, em resoluções para a direção de todo o partido, escrevem coisas tão vergonhosas ou aprovam essas resoluções

---

[2] Alude à afirmação de Marx na sua obra *Crítica da filosofia do direito de Hegel* (trad. Rubens Enderle e Leonardo de Deus, 3. ed., São Paulo, Boitempo, 2013), p. 157. (N. E.)

"acertadas" estão a tal ponto obcecados por esse verbalismo que alija o marxismo de todo o espírito vivo que não percebem como essas resoluções convertem em frases ocas todas as suas demais boas palavras. Tomem qualquer um dos seus artigos no *Iskra*, tomem mesmo a famigerada brochura do nosso notável Martínov e neles ouvirão conversas sobre a insurreição *popular*, sobre levar a revolução *até o fim*, sobre apoiar-se nas *camadas populares mais baixas* na luta contra a burguesia inconsequente. Mas, ora, todas essas coisas boas se convertem em frases miseráveis a partir do momento em que se aceita ou aprova a ideia de que o alcance da revolução "diminuirá" se a burguesia se separar dela. Das duas uma, senhores: ou devemos nos esforçar para conduzir a revolução com o povo e alcançar uma vitória completa sobre o tsarismo, *apesar* da burguesia inconsequente, egoísta e covarde; ou não admitimos esse "apesar", tememos que a burguesia "se afaste", e então traímos o proletariado e o povo a favor da burguesia, da inconsequente, egoísta e covarde burguesia.

Nem pensem em interpretar demais as minhas palavras. Não gritem que os acusamos de traição consciente. Não, vocês escorregam o tempo todo e agora escorregaram de vez para o pântano em que agora estão afundados com a mesma inconsciência com que os antigos "economistas" resvalavam irresistível e irremediavelmente pelo plano inclinado do "aprofundamento" do marxismo até as "sutilezas" antirrevolucionárias, sem alma e sem vida.

De que forças sociais reais depende o "alcance da revolução", pensaram nisso, senhores? Deixemos de lado as forças da política externa, das combinações internacionais, que ganham doravante uma forma muito vantajosa para nós, mas que excluímos da nossa análise, e excluímos com toda a razão, na medida em que se trata das forças internas da Rússia. Examinem essas forças sociais internas. Contra a revolução levanta-se a autocracia, a corte, a polícia, o funcionalismo, o Exército e um punhado de grandes aristocratas. Quanto mais profunda é a indignação do povo, menos seguro se torna o Exército, maior é a hesitação do funcionalismo. Além disso, a burguesia no seu conjunto está agora pela revolução e mostra o seu zelo com discursos sobre a liberdade, falando cada vez com mais frequência em nome do povo e mesmo em nome da revolução*. Mas todos nós, marxistas, sabemos pela teoria e observamos, dia a dia e hora a hora, no exemplo dos nossos liberais, dos nossos *zemtsi* e dos nossos osvobojdienistas, que a burguesia se coloca a favor da revolução de uma forma inconsequente, egoísta e covarde. A burguesia se voltará inevitavelmente, em massa, para o lado da contrarrevolução, para o lado da autocracia contra a revolução, contra o povo, tão logo sejam satisfeitos os seus interesses estreitos e egoístas, tão logo "se afaste" do democratismo consequente (*e ela já está se afastando dele!*). Resta o "povo", ou seja, o proletariado e o campesinato: somente o proletariado é capaz de ir com firmeza até o fim, pois vai muito além da revolução democrática. Por isso o proletariado luta nas primeiras filas pela república e recusa com desprezo os conselhos estúpidos e indignos sobre ponderar se a burguesia não vai se afastar. O campesinato inclui, ao lado dos elementos pequeno-burgueses, uma massa de elementos semiproletários. Isto também faz dele instável, obrigando o proletariado a unir-se num partido rigorosamente de classe. Mas a instabilidade do campesinato é radicalmente diferente da instabilidade da burguesia, pois neste momento o campesinato está interessado não tanto na proteção incondicional da propriedade privada quanto na expropriação da terra dos latifundiários, que é um dos principais tipos dessa propriedade. Sem se converter, por isso, em socialista, nem deixar de ser pequeno-burguês, o campesinato é capaz de se tornar o mais perfeito e radical partidário da revolução democrática. O campesinato se tornará assim inevitavelmente, desde que o curso dos acontecimentos revolucionários, para ele esclarecedor, não se interrompa demasiado cedo pela traição da burguesia e pela derrota do proletariado. O campesinato se tornará inevitavelmente, nessas condições, um baluarte da revolução e da república, já que só uma revolução plenamente vitoriosa pode dar ao campesinato *tudo* em matéria de reforma agrária, *tudo o que* o campesinato quer, o que sonha e de que necessita na realidade (não para a abolição do capitalismo, como imaginam os socialistas-revolucionários), mas para sair da lama da semisservidão, das trevas

---

* Nesse sentido, é interessante a carta aberta do sr. Struve a Jaurès, publicada recentemente por ele no jornal *l'Humanité* e pelo sr. Struve na *Osvobojdiénie* de n. 72.

do embrutecimento e do servilismo, para melhorar as suas condições de vida na medida em que isso seja possível nos limites da economia mercantil.

Mais ainda: não é só a transformação agrária radical que liga o campesinato à revolução, mas também todos os interesses gerais e permanentes do campesinato. Mesmo na luta contra o proletariado, o campesinato tem necessidade da democracia, pois apenas o regime democrático é capaz de expressar com exatidão os seus interesses e de lhe dar a preponderância, como massa, como maioria. Quanto mais instruído for o campesinato (e, desde a guerra com o Japão, ele instrui-se com uma rapidez da qual muitos nem sequer suspeitam, acostumados que estão a medir a instrução pela régua escolar), mais consequente e decididamente será pela revolução democrática completa, porque não tem medo, como a burguesia, do domínio do povo, antes o considera vantajoso. A república democrática se converterá no seu ideal tão logo comece a se libertar do seu monarquismo ingênuo, pois o monarquismo consciente da burguesia traficante (com uma Câmara Alta etc.) significa para o campesinato a mesma ausência de direitos, o mesmo embrutecimento e a mesma ignorância, ligeiramente retocados com um verniz europeu-constitucional.

Eis por que a burguesia, como classe, tende a se colocar natural e inevitavelmente sob a asa do partido liberal-monárquico, enquanto o campesinato, como massa, tende a se colocar sob a direção do partido revolucionário e republicano. Eis por que a burguesia não é capaz de levar a revolução democrática até o fim, enquanto o campesinato é capaz de levar a revolução até o fim, e nós devemos ajudá-lo nisso com todas as forças.

Vão me retrucar: não é preciso demonstrá-lo, esse é o abecedário, isso todos os sociais-democratas entendem perfeitamente. Não, não o entendem aqueles que são capazes de falar de "diminuição do alcance" da revolução no caso de a burguesia se afastar dela. Tais pessoas repetem as palavras aprendidas de cor do nosso programa agrário, mas entendem seu significado, pois de outro modo não teriam medo da ideia de ditadura revolucionária democrática do proletariado e do campesinato, que decorre inevitavelmente de toda a cosmovisão marxista e do nosso programa; de outro modo, não limitaria o alcance da grande revolução russa ao alcance da burguesia. Tais pessoas refutam suas frases revolucionárias marxistas abstratas com as suas resoluções antirrevolucionárias e antimarxistas concretas.

Quem de fato compreender o papel do campesinato na revolução russa vitoriosa será incapaz de dizer que o alcance da revolução diminuirá se a burguesia se afastar. Isso porque, na prática, a revolução russa só começará a adquirir o seu verdadeiro alcance, só começará a adquirir o maior alcance revolucionário possível na época da revolução democrático-burguesa, quando a burguesia se afastar e a massa do campesinato intervier como força revolucionária ativa ao lado do proletariado. Para ser levada consequentemente até o fim, a nossa revolução democrática deve-se apoiar em forças capazes de paralisar a inevitável inconsequência da burguesia (ou seja, capazes justamente de "obrigá-la a se afastar", que é o que temem, irrefletidamente, os partidários caucasianos do *Iskra*).

O proletariado deve conduzir até o fim a revolução democrática, atraindo para si a massa do campesinato, a fim de esmagar pela força a resistência da autocracia e paralisar a instabilidade da burguesia. O proletariado deve levar a cabo a revolução socialista, atraindo para si a massa dos elementos semiproletários da população, a fim de quebrar pela força a resistência da burguesia e paralisar a instabilidade do campesinato e da pequena burguesia. Tais são as tarefas do proletariado, as quais os novo-iskristas representam de modo tão estreito em todas as suas reflexões e resoluções sobre o alcance da revolução.

Não se deve esquecer só uma circunstância que frequentemente se perde de vista quando das reflexões sobre esse "alcance". Não se deve esquecer que não se trata, aqui, das dificuldades da tarefa, mas sim do caminho no qual é preciso procurar e encontrar a sua solução. Não se trata de que seja fácil ou difícil fazer com que o alcance da revolução seja poderoso e invencível, mas do que se deve fazer para fortalecê-lo. O desacordo se refere justamente ao caráter fundamental da atividade, da sua própria orientação. Sublinhamos isso porque pessoas desatentas e de má-fé confundem com demasiada frequência duas questões distintas: a questão do caminho a seguir, ou seja, da escolha de um entre dois caminhos distintos, e a questão da facilidade da efetivação do objetivo ou da proximidade da sua realização em um dado caminho.

A REVOLUÇÃO DEMOCRÁTICA ENFRAQUECERÁ SE A BURGUESIA RECUAR? 123

Não nos referimos, em absoluto, na exposição precedente, a esta última questão, porque ela não suscitou desacordos e divergências no interior do partido. Mas, evidentemente, a questão é, em si mesma, de extrema importância e digna de atenção séria por parte de todos os sociais-democratas. Seria de um otimismo imperdoável esquecer-se das dificuldades ligadas à integração no movimento das massas, não só da classe operária como também do campesinato. Justamente nessas adversidades fracassaram, mais de uma vez, os esforços para levar até o fim a revolução democrática, triunfando sobretudo a burguesia inconsequente e egoísta, que tanto "retirou capital" da defesa monárquica contra o povo quanto "conservou a virgindade" do liberalismo... ou do "osvobojdienismo". Mas dificuldade não é impossibilidade. O importante é a certeza de ter escolhido o caminho correto, e tal certeza multiplica por cem a energia revolucionária e o entusiasmo revolucionário, capazes de realizar milagres.

O grau de profundidade da divergência entre os sociais-democratas contemporâneos acerca da questão da escolha do caminho surge com evidência de modo imediato quando se compara a resolução caucasiana dos novo-iskristas com a resolução do III Congresso do Partido Operário Social-Democrata da Rússia. A resolução do congresso diz: a burguesia é inconsequente, buscará inevitavelmente arrancar-nos as conquistas da revolução. Estejam, portanto, preparados mais energicamente para a luta, camaradas operários, armem-se, atraiam para o seu lado o campesinato. Não cederemos sem luta as nossas conquistas revolucionárias à burguesia egoísta. A resolução dos novo-iskristas caucasianos diz: a burguesia é inconsequente, pode afastar-se da revolução. Portanto, camaradas operários, não pensem, por favor, em participar do governo provisório, pois então a burguesia vai provavelmente se afastar, e o alcance da revolução será enfraquecido!

Uns dizem: impulsione a revolução adiante, até o fim, apesar da resistência ou da passividade da burguesia inconsequente.

Os outros dizem: nem pensem em conduzir a revolução até o fim de maneira independente, porque então a burguesia inconsequente se afastará dela.

Será que não temos diante de nós dois caminhos diametralmente opostos? Será que não é evidente que uma tática exclui indiscutivelmente a outra? Que a primeira tática é a única tática correta da social-democracia revolucionária, enquanto a segunda é em essência uma tática puramente osvobojdienista?

13
CONCLUSÃO. OUSAREMOS VENCER?

As pessoas superficialmente informadas sobre o estado de coisas na social-democracia russa, ou que o julgam de fora, que não conhecem a história de toda a luta intrapartidária desde o tempo do "economismo", com frequência, tratam também as divergências táticas que se definiram agora, sobretudo depois do III Congresso, com uma simples alusão a duas tendências naturais, inevitáveis, perfeitamente conciliáveis em qualquer movimento social-democrata. De um lado, dizem, uma ênfase reforçada no trabalho habitual, atual e cotidiano, na necessidade de desenvolver a propaganda e a agitação, de preparar as forças, de aprofundar o movimento etc. De outro lado, a ênfase nas tarefas de combate, políticas gerais, revolucionárias, do movimento, na indicação da necessidade da insurreição armada e o impulsionamento das palavras de ordem ditadura revolucionária democrática e governo provisório revolucionário. Nem um lado nem outro devem ser exagerados, nem aqui nem ali (como, em geral, em nenhum lugar do mundo) os extremos são bons etc. etc.

As verdades baratas da sabedoria da vida (e da "política", entre aspas) que sem dúvida se encontram em semelhantes reflexões encobrem, todavia, com demasiada frequência a incompreensão das necessidades vitais, prementes, do partido. Tomem as divergências táticas contemporâneas entre os sociais-democratas russos. Evidentemente, o fato de se sublinhar fortemente o aspecto cotidiano, habitual, do trabalho que vemos nas reflexões novo-iskristas sobre a tática não poderia representar nenhum perigo e nenhuma divergência nas palavras de ordem táticas. Mas basta comparar as resoluções do III Congresso do Partido Operário Social-Democrata Russo com as resoluções da conferência para que essa divergência salte aos olhos.

De que se trata? Trata-se, em primeiro lugar, de que não basta uma simples indicação geral, abstrata, das duas correntes do movimento e da nocividade dos extremos. É preciso saber concretamente de que padece o movimento em questão no momento em questão, qual é agora o perigo político real para o partido. Em segundo, é preciso saber no moinho de que forças políticas reais estão colocando água estas ou aquelas palavras de ordem táticas – talvez a ausência de uma ou outra palavra de ordem. Ouçam os novo-iskristas e vocês chegarão à conclusão de que o partido da social--democracia se encontra ameaçado pelo perigo de lançar para fora do navio a propaganda e a agitação, a luta econômica e a crítica da democracia burguesa, de se deixar arrastar desmedidamente pela preparação militar, pelos ataques armados, pela tomada do poder etc. Mas, na verdade, o perigo real ameaça o partido de um lado completamente diferente. Quem conheça minimamente a situação do movimento, quem o acompanhe de modo atento e refletido, não pode deixar de ver o lado ridículo dos medos dos novo--iskristas. Todo o trabalho do Partido Operário Social-Democrata Russo já se adaptou a um quadro sólido e invariável, que garante incondicionalmente a concentração do centro de gravidade na propaganda e na agitação, nos comícios-relâmpago e nos comícios de massas, na difusão de panfletos e brochuras, na colaboração na luta econômica e no apoio às suas palavras de ordem. Não há um só comitê do partido, um só comitê regional, uma só reunião central, um só grupo de fábrica, no qual 99% da atenção, das forças e do tempo não sejam dedicados, sempre e constantemente, a todas essas funções, já estabelecidas desde a segunda metade dos anos 1890. Só não sabem disso as pessoas que não conhecem em absoluto o movimento. Só pessoas muito ingênuas ou desinformadas podem tomar pelo valor nominal a repetição novo-iskrista, quando isso se faz com ar de importância.

O fato é que, entre nós, não só não se deixam arrastar desmedidamente pelas tarefas da insurreição, pelas palavras de ordem políticas gerais, pela direção de toda a revolução popular, como, pelo contrário, o *atraso* justamente nesse sentido salta aos olhos; é o lado mais vulnerável, que representa um perigo real para o movimento e pode degenerar, e já está degenerando aqui e ali, de revolucionário na prática em revolucionário nas palavras. Das muitas

CONCLUSÃO. OUSAREMOS VENCER? 127

centenas de organizações, grupos e círculos que realizam o trabalho do partido, vocês não encontrarão sequer um em que não se tenha levado a cabo, desde o seu próprio aparecimento, esse trabalho cotidiano de que falam os sábios do novo *Iskra*, como se tivessem descoberto novas verdades. E, ao contrário, encontrarão uma percentagem insignificante de grupos e círculos que tenham consciência das tarefas da insurreição armada, que tenham empreendido sua realização, que se tenham dado conta da necessidade de dirigir toda a revolução popular contra o tsarismo, da necessidade de formular, para isso, justamente essas e não outras palavras de ordem avançadas.

Estamos inacreditavelmente atrasados em relação às tarefas avançadas e de fato revolucionárias, não estamos ainda conscientes delas numa infinidade de casos, vimos aqui e ali o fortalecimento da democracia burguesa revolucionária devido ao nosso atraso em relação a isso. E os escritores do novo *Iskra*, voltando as costas ao curso dos acontecimentos e às exigências do momento, repetem obstinadamente: não se esqueçam do velho! Não se deixem levar pelo novo! É esse o motivo fundamental e invariável de todas as resoluções essenciais da conferência, enquanto nas resoluções do congresso se pode ler, também de maneira invariável: ao mesmo tempo que confirmamos o que é velho (e sem nos determos em sua ruminação, justamente porque é velho, já resolvido e fixado pela literatura, pelas resoluções e pela experiência), apresentamos uma nova tarefa, chamamos a atenção para ela, colocamos uma nova palavra de ordem, exigimos dos sociais-democratas de fato revolucionários um trabalho imediato para trazê-la à vida.

Eis como se coloca, na prática, a questão das duas tendências na tática da social-democracia. A época revolucionária colocou novas tarefas que só as pessoas completamente cegas não veem. E essas tarefas, aceitam-nas decididamente uns sociais-democratas e colocam-nas na ordem do dia: a insurreição armada é inadiável; preparem-se para ela, imediata e energicamente; lembrem-se de que é necessária para a vitória decisiva; estabeleçam as palavras de ordem da república, do governo provisório, da ditadura revolucionária democrática do proletariado e do campesinato. Os outros, contudo, recuam, derrapam no mesmo lugar; em vez de colocar palavras de ordem, escrevem prefácio; em vez de indicarem o novo, com a confirmação do velho, ruminam longa e tediosamente o velho, inventam pretextos para evitar o novo, sem saber definir as condições da vitória decisiva ou apresentar as únicas palavras de ordem que correspondem à aspiração de alcançar a vitória completa.

O resultado político desse rabeirismo, para nós, está na cara. A fábula da aproximação da "maioria" do Partido Operário Social-Democrata Russo da democracia burguesa revolucionária continua a ser uma fábula não confirmada nem por um único fato político, nem por uma única resolução importante dos "bolcheviques", nem por um único ato do III Congresso do Partido Operário Social-Democrata Russo. E, entretanto, a burguesia oportunista, monárquica, personificada pela *Osvobojdiénie*, *saúda* desde muito tempo as tendências "de princípio" do novo-iskrismo, e agora usa diretamente a sua água para mover seu moinho, retoma todas as suas palavrinhas e "ideiazinhas" contra a "conspiração" e a "revolta", contra os exageros do aspecto "técnico" da revolução, contra a apresentação direta da palavra de ordem de insurreição armada, contra o "revolucionarismo" das reivindicações extremistas etc. etc. A resolução de uma conferência inteira de sociais-democratas "mencheviques" no Cáucaso e a aprovação dessa resolução pela redação do novo *Iskra* oferecem um resumo político inequívoco de tudo isso: que a burguesia não se afaste em caso de participação do proletariado na ditadura revolucionária democrática! Com isso, tudo está dito. Com isso, fica definitivamente consolidada a transformação do proletariado em capanga da burguesia monárquica. Com isso, está demonstrado na prática, não por uma declaração casual de uma pessoa qualquer, mas por uma resolução especialmente aprovada por toda uma tendência, *o significado político* do rabeirismo novo-iskrista.

Quem ponderar sobre estes fatos compreenderá o real significado das instruções dos dois lados e das duas tendências do movimento social-democrata. Tomem o bernsteinianismo para estudar essas tendências em grande escala. Ora, os bernsteinianos sustentavam e sustentam, de modo idêntico, que são justamente eles que entendem as verdadeiras necessidades do proletariado, as tarefas do crescimento das suas forças, do aprofundamento de todo o trabalho, da preparação dos elementos da nova sociedade, da propaganda e da agitação. Exigimos o reconhecimento aberto do que é! – diz Bernstein,

CONCLUSÃO. OUSAREMOS VENCER? 129

consagrando com isso o "movimento" *sem* "objetivo final", consagrando apenas a tática defensiva, pregando a tática do medo de que "a burguesia se afaste". Também os bernsteinianos gritavam a propósito do "jacobinismo" dos sociais-democratas revolucionários, dos "literatos", que não compreendem a "iniciativa operária" etc. etc. Na prática, como todos sabem, os sociais--democratas revolucionários nunca pensaram sequer em abandonar o trabalho cotidiano e miúdo, a preparação de forças etc. etc. Exigiam apenas a consciência clara do objetivo final, a colocação clara das tarefas revolucionárias; queriam elevar as camadas semiproletárias e semipequeno-burguesas até o nível revolucionário do proletariado e não rebaixar este até as considerações oportunistas de que "a burguesia não se afaste". Talvez a expressão mais destacada dessa dissensão entre a ala intelectual-oportunista e a ala proletário--revolucionária do partido fosse a pergunta: *dürfen wir siegen*? "Ousaremos vencer?" É permitido a nós vencer? Não é perigoso para nós vencer? Devemos vencer? Por estranha que pareça à primeira vista, essa pergunta foi, todavia, formulada, e tinha de sê-lo, pois os oportunistas tinham medo da vitória; com ela, assustavam o proletariado, profetizavam desgraças que dela viriam, ridicularizavam as palavras de ordem que a convocavam diretamente.

Essa mesma divisão fundamental em tendência intelectual-oportunista e proletário-revolucionária existe entre nós apenas com a diferença, bastante essencial, de que se trata não da revolução socialista, mas da democrática. Entre nós foi também formulada a pergunta, absurda à primeira vista: "ousaremos vencer?". Foi formulada por Martínov em seu livro *Duas ditaduras*, em que profetiza toda espécie de calamidades no caso de nos prepararmos muito bem e levarmos a cabo a insurreição com pleno sucesso. Foi também formulada por toda a literatura dos novo-iskristas dedicada à questão do governo provisório revolucionário, na qual tentaram zelosa, mas fracassadamente, confundir a participação de Millerand no governo burguês-oportunista com a participação de Varlin[1] no governo revolucionário pequeno-burguês. Ela foi fixada pela resolução: "que a burguesia não se afaste".

---

[1] Trata-se da participação de Louis Eugène Varlin, destacado militante do movimento operário francês e da Primeira Internacional, no conselho da Comuna de Paris de 1871. (N. E. R.)

E, ainda que Kautsky, por exemplo, tente agora fazer ironia, dizendo que as nossas discussões a respeito do governo provisório revolucionário se parecem com a partilha da pele do urso antes de tê-lo matado, tal ironia mostra somente que até os sociais-democratas inteligentes e revolucionários caem numa armadilha quando falam de assuntos que só conhecem por ouvir dizer. A social-democracia alemã ainda não está muito perto de matar o urso (realizar a revolução socialista), mas a discussão a respeito de sabermos se "ousamos" matá-lo teve um imenso significado do ponto de vista de princípio e do ponto de vista político-prático. Os sociais-democratas russos não estão ainda muito perto de ter forças para "matar o seu urso" (realizar a revolução democrática), mas a questão de sabermos se "ousamos" matá-lo tem uma importância extremamente séria para todo o futuro da Rússia e para o futuro da social-democracia russa. Não se pode falar também do recrutamento enérgico e bem-sucedido de um exército, de sua direção, sem a certeza de que "ousamos" vencer.

Vamos pegar os nossos velhos "economistas". Também eles gritavam que seus adversários eram conspiradores, jacobinos (ver a *Rabótcheie Dielo*, sobretudo o n. 10, e o discurso de Martínov nos debates do II Congresso sobre o programa), que, absorvidos pela política, se separavam das massas, que esqueciam as bases do movimento operário, não consideravam a iniciativa operária etc. etc. Na realidade, esses partidários da "iniciativa operária" eram intelectuais oportunistas que impunham aos operários a sua concepção estreita e filistina das tarefas do proletariado. Na realidade, os adversários do "economismo", como todos podem ver pelo velho *Iskra*, não abandonavam nem relegavam para o último plano nem um único dos aspectos do trabalho social-democrata, não esqueciam no mínimo a luta econômica, sabendo, ao mesmo tempo, colocar com toda a amplitude as tarefas políticas urgentes e imediatas, opondo-se à transformação do partido operário num apêndice "econômico" da burguesia liberal.

Os economistas tinham aprendido de cor que na base da política está a economia e "entendiam" isso como se fosse necessário rebaixar a luta política até a luta econômica. Os novo-iskristas aprenderam de cor que a revolução democrática tem na sua base econômica a revolução burguesa e "entenderam"

CONCLUSÃO. OUSAREMOS VENCER? 131

isso como se fosse necessário rebaixar as tarefas democráticas do proletariado até o nível da moderação burguesa, até o limite além do qual "a burguesia se afastará". Os "economistas", com o pretexto de aprofundar o trabalho, com o pretexto da iniciativa operária e da política puramente de classe, na realidade entregavam a classe operária nas mãos dos políticos liberais-burgueses, ou seja, conduziam o partido por um caminho, cujo significado objetivo era justamente esse. Os novo-iskristas, com os mesmos pretextos, traem na realidade os interesses do proletariado na revolução democrática a favor da burguesia, ou seja, conduzem o partido por um caminho, cujo significado objetivo era justamente esse. Os "economistas" acreditavam que a hegemonia na luta política não é uma causa dos sociais-democratas, mas propriamente dos liberais. Os novo-iskristas acreditam que a realização ativa da revolução democrática não é uma causa dos sociais-democratas, mas propriamente da burguesia democrática, uma vez que a direção e a participação hegemônica do proletariado "diminuem o alcance" da revolução.

Em resumo, os novo-iskristas são epígonos do "economismo", não só pela sua origem no II Congresso do partido como também pelo modo atual de colocar as tarefas táticas do proletariado na revolução democrática. São também uma ala intelectual-oportunista do partido. Na organização, ela começou com o individualismo anarquista próprio dos intelectuais e terminou com a "desorganização-processo", consagrando nos "estatutos"[2], aprovados pela conferência, o isolamento da literatura em relação à organização do partido, as eleições indiretas, quase em quatro etapas, o sistema dos plebiscitos bonapartistas em vez da representação democrática e, finalmente, o princípio do "acordo" entre a parte e o todo. Na tática do partido, resvalaram pelo mesmo plano inclinado. No "plano de campanha dos *zemstvos*"[3], declararam

---

[2]   Trata-se dos estatutos de organização aprovados pela conferência dos mencheviques em Genebra, em 1905. (N. E. R.)

[3]   Trata-se do plano dos mencheviques de apoiar a "campanha dos *zemstvos*", conduzida pelos liberais-burgueses do outono de 1904 a janeiro de 1905. Essa campanha era realizada sob a forma de congressos, assembleias e banquetes, durante os quais se pronunciavam discursos e se aprovavam resoluções no espírito das reivindicações constitucionais moderadas. Lênin submeteu a uma crítica enérgica a posição dos mencheviques em relação à "campanha dos *zemstvos*" no artigo "A campanha dos *zemstvos* e o plano do *Iskra*". (N. E. P.)

como "tipo superior de manifestação" as intervenções diante dos *ziémtsi*, e viam na cena política apenas duas forças ativas (às vésperas do 9 de janeiro!) – o governo e a democracia burguesa. "Aprofundaram" a tarefa urgente de se armar, substituindo a palavra de ordem prática e direta por um chamado a se armar com o desejo ardente do autoarmamento. As tarefas da insurreição armada, do governo provisório, da ditadura democrática revolucionária, foram agora deformadas e embotadas nas suas resoluções oficiais. "Que a burguesia não se afaste" – esse acorde final da última das suas resoluções lança uma viva luz sobre a questão de para onde esse caminho conduzirá o partido.

A revolução democrática na Rússia é uma revolução, pela sua essência social e econômica, burguesa. Não basta simplesmente repetir essa posição marxista correta. É preciso saber entendê-la e saber aplicá-la às palavras de ordem políticas. Toda a liberdade política em geral, no solo das relações de produção contemporâneas, ou seja, capitalistas, é uma liberdade burguesa. A reivindicação de liberdade expressa, em primeiro lugar, os interesses da burguesia. Os seus representantes foram os primeiros a apresentar essa reivindicação. Seus partidários, em toda parte, tiraram proveito, como patrões, da liberdade obtida, reduzindo-a a uma medida burguesa, moderada e asseada, combinando-a com a repressão do proletariado revolucionário, mais refinada em tempos de paz e ferozmente cruel em tempos de tempestade.

Mas só os narodinistas rebeldes, os anarquistas e os "economistas" podiam concluir disso a negação ou o desprezo da luta pela liberdade. Essas doutrinas intelectual-filistinas apenas por um tempo puderam ser impostas ao proletariado, e somente contrariamente à sua resistência. O proletariado deu-se conta por intuição de que ele precisava da liberdade política, precisava mais do que ninguém, apesar de ela reforçar e organizar diretamente a burguesia. O proletariado não espera a sua salvação do afastamento da luta de classes, mas do seu desenvolvimento, do aumento da sua amplitude, da sua consciência, da sua organização, da sua decisão. Quem menospreza as tarefas da luta política converte o social-democrata de tribuno do povo em secretário de *trade-union*. Quem menospreza as tarefas proletárias na revolução democrática burguesa converte o social-democrata de líder da revolução popular em dirigente de um sindicato operário livre.

CONCLUSÃO. OUSAREMOS VENCER? 133

Sim, da revolução *popular*. A social-democracia lutou e luta, com pleno direito, contra o abuso democrático-burguês da palavra povo. Exige que com essa palavra não se encubra a incompreensão dos antagonismos de classe entre o povo. Insiste categoricamente na necessidade de uma completa independência de classe do partido do proletariado. Mas divide o "povo" em "classes" não para que a classe avançada se encerre em si mesma, se confine em limites estreitos, castre a sua atividade com considerações como a de que não se afastem os donos econômicos do mundo, mas para que a classe avançada, sem padecer das vacilações, da inconsistência, da indecisão das classes intermediárias, lute com tanto mais energia, com tanto mais entusiasmo pela causa de todo o povo, à frente de todo o povo.

Eis o que com frequência não entendem os novo-iskristas contemporâneos, que substituem a apresentação de palavras de ordem políticas ativas na revolução democrática pela repetição verbalista das palavras "de classe" em todos os gêneros e variações!

A revolução democrática é burguesa. A palavra de ordem de partilha negra ou de terra e vontade – essa palavra de ordem difundidíssima das massas camponesas ignorantes e oprimidas, mas que buscam apaixonadamente a luz e a felicidade – é burguesa. Nós, marxistas, devemos, todavia, saber que não há nem pode haver outro caminho para a verdadeira liberdade do proletariado e do campesinato senão o caminho da liberdade burguesa e do progresso burguês. Não devemos nos esquecer de que, no momento presente, não há nem pode haver outro meio capaz de aproximar o socialismo senão a completa liberdade política, a república democrática, a ditadura revolucionária democrática do proletariado e do campesinato. Como representantes da classe avançada, a única que é revolucionária sem reservas, sem dúvidas, sem olhar para trás, devemos colocar diante de todo o povo, do modo mais amplo, mais corajoso e com a maior iniciativa possível, as tarefas da revolução democrática. O menosprezo dessas tarefas é, no plano teórico, uma caricatura do marxismo e sua adulteração filistina, já no plano político-prático significa entregar a causa da revolução nas mãos da burguesia, que inevitavelmente se afastará da realização consequente da revolução. As dificuldades que se colocam no caminho para a vitória completa da revolução são muito grandes. Ninguém poderá condenar os representantes do proletariado se fizerem tudo o que lhes é possível e se todos os seus esforços se quebrarem perante a resistência da reação, a traição da burguesia e a ignorância das massas. Mas todos e cada um – e sobretudo o proletariado consciente – condenarão a social-democracia se esta cercear a energia revolucionária da revolução democrática, se cercear o entusiasmo revolucionário por medo de vencer, por considerar que a burguesia se pode afastar.

As revoluções são as locomotivas da história, dizia Marx[4]. As revoluções são a festa dos oprimidos e explorados. Nunca a massa do povo é capaz de intervir como um criador tão ativo das novas ordens sociais como em tempo de revolução. Em tais períodos, o povo é capaz de fazer milagres do ponto de vista da medida estreita e pequeno-burguesa do progresso gradual. Mas em tais períodos é necessário também que os dirigentes dos partidos revolucionários apresentem as suas tarefas de um modo mais amplo e corajoso, que as suas palavras de ordem estejam sempre à frente da iniciativa revolucionária das massas, servindo de farol para elas, mostrando em toda a sua grandeza, em toda a sua beleza, o nosso ideal democrático e socialista, mostrando o caminho mais curto e mais direto para a vitória completa, incondicional e decisiva. Deixemos que os oportunistas da burguesia "osvobojdienista", por medo da revolução e por medo do caminho direto, inventem os caminhos indiretos, dos rodeios, dos compromissos. Se formos obrigados pela força a nos arrastarmos por tais caminhos, saberemos cumprir nosso dever mesmo no pequeno trabalho cotidiano. Mas que seja primeiramente a luta implacável a decidir a questão da escolha do caminho. Seremos traidores e renegados da revolução se não aproveitarmos essa energia festiva das massas e o seu entusiasmo revolucionário para a luta implacável e abnegada pelo caminho direto e decisivo. Deixemos os oportunistas da burguesia pensar covardemente sobre a reação futura. Os operários não se assustam com a ideia de que a reação está se preparando para ser terrível, nem com a de que a burguesia está se preparando para se afastar da revolução. Os operários

---

[4] Ver Karl Marx, *As lutas de classes na França de 1848 a 1850* (trad. Nélio Schneider, São Paulo, Boitempo, 2012), p. 132. (N. E.)

não esperam barganhas, não pedem esmolas; eles buscam esmagar implacavelmente as forças reacionárias, ou seja, buscam *a ditadura revolucionária democrática do proletariado e do campesinato.*

Não é preciso dizer que, nos períodos de tempestades, um perigo maior ameaça o navio do nosso partido do que na "navegação" tranquila do progresso liberal, que corresponde à extração dolorosa e lenta do suco da classe operária pelos seus exploradores. Não é preciso dizer que as tarefas da ditadura revolucionária democrática são mil vezes mais difíceis e complexas do que as tarefas da "oposição extrema" e as da luta apenas parlamentar. Mas quem, no momento revolucionário presente, for capaz de preferir conscientemente a navegação tranquila e o caminho da "oposição" sem perigos, é melhor que se afaste temporariamente do trabalho social-democrata, é melhor que espere o fim da revolução, que a festa termine e se volte ao trabalho cotidiano, e que a sua medida limitada e cotidiana não seja então uma dissonância tão repugnante e uma deformação tão monstruosa das tarefas da classe avançada.

À frente de todo o povo e em particular do campesinato – pela liberdade total, pela revolução democrática consequente, pela república! À frente de todos os trabalhadores e explorados – pelo socialismo! Tal deve ser, na prática, a política do proletariado revolucionário; tal é a palavra de ordem de classe que deve penetrar e determinar a solução de todas as questões táticas, de todos os passos práticos do partido operário durante a revolução.

POSFÁCIO

**MAIS UMA VEZ O OSVOBOJDIENISMO, MAIS UMA VEZ
O NOVO-ISKRISMO.**

Os n. 71-72 da *Osvobojdiénie* e 102-103 do *Iskra* oferecem-nos um novo material, extraordinariamente rico, sobre a questão a que dedicamos o capítulo 8º da nossa brochura. Não tendo possibilidade alguma de utilizar aqui todo esse rico material, vamos-nos deter apenas no principal: em primeiro lugar, que tipo de "realismo" da social-democracia a *Osvobojdiénie* elogia e por que deve elogiá-lo; em segundo lugar, a relação entre os conceitos revolução e ditadura.

I. POR QUE OS REALISTAS LIBERAIS-BURGUESES ELOGIAM OS "REALISTAS" SOCIAIS-DEMOCRATAS?

Os artigos "A cisão na social-democracia russa" e "O triunfo do bom senso" (*Osvobojdiénie*, n. 72) são um julgamento dos representantes da burguesia liberal sobre a social-democracia notavelmente valioso para os proletários conscientes. Nunca será demasiado recomendar a cada social-democrata que se familiarize com esses artigos de maneira completa e *reflita* sobre cada uma das suas frases [o julgamento dos mais abomináveis, dos mais fortes (na sociedade contemporânea) e dos mais inteligentes inimigos da social--democracia (dentre todos seus inimigos contemporâneos) representa um material positivamente inestimável para a formação política dos próprios sociais-democratas]. Reproduziremos, antes de mais nada, as principais posições de ambos os artigos. Diz a *Osvobojdiénie*:

Para quem observa de fora é bastante difícil apreender o sentido político real da divergência que dividiu o partido social-democrata em duas frações. Denominar a fração da "maioria" como mais radical e intransigente, ao contrário da "minoria", que admite, no interesse da causa, alguns compromissos, não é totalmente exato e, de qualquer forma, não representa uma caracterização exaustiva. Pelo menos os dogmas tradicionais da ortodoxia marxista são observados, talvez com mais cuidado, pela fração da minoria do que pela fração de Lênin. Parece-nos que é mais precisa a seguinte caracterização. A disposição política fundamental da "maioria" é um revolucionarismo abstrato, um revoltismo, a aspiração de provocar por todos os meios a insurreição na massa popular e em seu nome tomar o poder imediatamente; isso, até certo ponto, aproxima os "leninistas" dos socialistas-revolucionários e encobre na sua consciência a ideia da luta de classes com a ideia de uma revolução russa nacional, negando na prática muitas das estreitezas da doutrina social-democrata; os "leninistas", por outro lado, estão profundamente imbuídos da estreiteza do revolucionarismo, renunciam a qualquer trabalho prático que não seja a preparação da insurreição imediata, ignoram por princípio todas as formas de agitação legal e semilegal e todo tipo de compromissos práticos e úteis com outras tendências oposicionistas. Pelo contrário, a minoria, fortemente aferrada aos dogmas do marxismo, conserva ao mesmo tempo os elementos realistas da cosmovisão marxista. A ideia fundamental dessa fração é a contraposição dos interesses do "proletariado" aos interesses da burguesia. Mas, por outro lado, a luta do proletariado é concebida – é claro que dentro de certos limites, ditados pelos dogmas imutáveis da social-democracia – de maneira sensata e realista, com uma consciência clara de todas as condições e tarefas concretas dessa luta. Ambas as frações aplicam o seu ponto de vista fundamental de modo não totalmente consequente, pois estão ligadas no seu trabalho criador ideológico-político às fórmulas rigorosas do catecismo social-democrata, que impedem os "leninistas" de se converterem em rebeldes intransigentes, à maneira, pelo menos, de alguns socialistas-revolucionários, já os "iskristas" de se converterem em dirigentes práticos do movimento político real da classe operária.

E, expondo mais adiante o conteúdo das principais resoluções, o escritor da *Osvobojdiénie* esclarece os seus "pensamentos" gerais com algumas observações concretas em relação a elas. Em comparação com o III Congresso, diz ele: "A conferência da minoria observa uma atitude completamente diferente em relação à insurreição armada". "Relacionada com a atitude para com a

POSFÁCIO 139

insurreição armada" surge a diferença das resoluções sobre o governo provisório. "A mesma divergência se manifesta na atitude em relação aos sindicatos operários. Os 'leninistas' não disseram nas suas resoluções nem uma palavra sobre esse importantíssimo ponto de partida da educação política e da organização da classe operária. A minoria, pelo contrário, elaborou uma resolução muito séria." Quanto à relação com os liberais, ambas as frações, diz ele, coincidem, mas o III Congresso "repete quase palavra por palavra a resolução de Plekhánov sobre a relação com os liberais, adotada no II Congresso, e rejeita a resolução de Starover, mais favorável aos liberais, adotada no mesmo congresso". Sendo em geral coincidentes as resoluções do congresso e da conferência sobre o movimento camponês, "a 'maioria' sublinha mais a ideia do confisco revolucionário das terras dos latifundiários e outras, enquanto a 'minoria' quer fazer da reivindicação de reformas democráticas estatais e administrativas a base da sua agitação".

Finalmente, a *Osvobojdiénie* cita, do n. 100 do *Iskra*, uma resolução menchevique cujo ponto principal diz: "Visto que no tempo presente o trabalho clandestino por si só não assegura à massa a sua participação suficiente na vida do partido e em parte leva a opor a massa, como tal, ao partido, como organização ilegal, este último precisa tomar nas suas mãos a direção da luta sindical dos operários no terreno legal, coordenando de maneira firme essa luta com as tarefas sociais-democratas". A respeito dessa resolução, a *Osvobojdiénie* exclama: "Saudamos calorosamente essa resolução como o triunfo do bom senso, como expressão de lucidez tática de uma determinada parte do partido social-democrata".

Agora tem o leitor diante de si todos os julgamentos fundamentais da *Osvobojdiénie*. Seria o maior dos erros, evidentemente, considerar corretos esses julgamentos no sentido da sua concordância com a verdade objetiva. Todo social-democrata descobrirá facilmente neles os erros a cada passo. Seria ingenuidade esquecer que todos esses julgamentos estão profundamente impregnados pelos interesses e pelo ponto de vista da burguesia liberal e que, nesse sentido, são extremamente parciais e tendenciosos. Refletem as opiniões da social-democracia tal como um espelho côncavo ou convexo reflete os objetos. Mas seria um erro ainda maior o esquecimento de que esses julgamentos deformados à maneira da burguesia refletem, no fim de contas, os interesses reais da burguesia, que, como classe, compreende acertadamente, sem dúvida nenhuma, quais tendências dentro da social-democracia lhe são, à burguesia, vantajosas, próximas, afins, simpáticas, e quais lhe são prejudiciais, alheias, estranhas, antipáticas. Um filósofo burguês ou um publicista burguês nunca compreenderá de maneira acertada a social-democracia, nem a social-democracia menchevique nem a bolchevique. Mas, se for um publicista minimamente sensato, seu instinto de classe não o enganará, e ele captará sempre na essência e de modo correto o significado para a burguesia desta ou daquela tendência no interior da social-democracia, ainda que a deforme na exposição. O instinto de classe do nosso inimigo, seu julgamento de classe, merece sempre, portanto, a mais séria atenção de todo o proletariado consciente.

O que nos diz, afinal, pela boca dos osvobojdienistas, o instinto de classe da burguesia russa?

Expressa de uma maneira absolutamente precisa a sua satisfação para com as tendências do novo-iskrismo, elogiando-o pelo seu realismo, pela sua sensatez, pelo triunfo do bom senso, pela seriedade das resoluções, pela sua clara visão tática, pelo seu espírito prático etc., e manifesta o seu descontentamento pelas tendências do III Congresso, censurando-o pela sua estreiteza, o seu revolucionarismo, o seu revoltismo, a sua recusa dos compromissos úteis do ponto de vista prático etc. O instinto de classe da burguesia lhe sugere precisamente o que foi demonstrado de forma repetida na nossa literatura com os dados mais exatos, a saber: que os novo-iskristas são a ala oportunista da social-democracia russa contemporânea e que os seus adversários são a ala revolucionária. Os liberais não podem deixar de simpatizar com as tendências da primeira, não podem deixar de censurar as tendências da segunda. Os liberais, como ideólogos da burguesia, compreendem perfeitamente que são vantajosos para a burguesia "o espírito prático, a sensatez, a seriedade" da classe operária, ou seja, a limitação factual do seu campo de atividade no quadro do capitalismo, das reformas, da luta sindical etc. Para a burguesia, é perigosa e temível "a estreiteza revolucionarista" do proletariado e a sua aspiração a conseguir, em nome das suas tarefas de classe, o papel dirigente na revolução russa nacional.

Que é esse de fato o sentido da palavra "realismo" na interpretação da *Osvobojdiénie* se pode ver entre outras coisas no emprego que dela fizeram anteriormente a *Osvobojdiénie* e o sr. Struve. O próprio *Iskra* não pôde deixar de reconhecer que o "realismo" nos osvobojdienistas tinha esse significado. Lembrem-se, por exemplo, do artigo "Já é hora!", publicado no suplemento dos n. 73-74 do *Iskra*. O autor do artigo (representante consequente das concepções do "pântano" no II Congresso do Partido Operário Social-Democrata Russo) expressou francamente a sua opinião de que "Akímov desempenhou no congresso mais o papel de fantasma do oportunismo do que o de seu verdadeiro representante". E a redação do *Iskra* viu-se imediatamente obrigada a corrigir o autor do artigo "Já é hora!" declarando numa nota: "Não se pode concordar com essa opinião. Os pontos de vista programáticos do camarada Akímov estão claramente marcados com o selo do oportunismo, coisa que também reconhece o crítico da *Osvobojdiénie* em um dos seus últimos números, assinalando que o camarada Akímov pertence à tendência 'realista'– leia-se: revisionista".

Assim, o próprio *Iskra* sabe perfeitamente que o "realismo" osvobojdienista é justamente oportunismo, nada mais. Se agora, ao atacar o "realismo liberal" (n. 102 do *Iskra*), o *Iskra* se cala sobre o fato de *os liberais o elogiarem* pelo seu realismo, esse silêncio explica-se pelo fato de que tais elogios são mais amargos do que qualquer censura. Tais elogios (que, da parte da *Osvobojdiénie*, não são casuais nem feitos pela primeira vez) provam, na prática, o parentesco do realismo liberal e dessas tendências do "realismo" (leia-se: oportunismo) social-democrata que transparecem em cada resolução dos novo-iskristas devido à falibilidade de toda a sua posição tática.

Com efeito, a burguesia russa já manifestou plenamente a sua inconsequência e o seu egoísmo na revolução "nacional"; manifestou-os tanto pelas reflexões do sr. Struve quanto por todo o tom e pelo conteúdo de toda uma massa de jornais liberais, pelo caráter das intervenções políticas de uma massa de *ziémtsi*, de uma massa de intelectuais, em geral, de todos os partidários dos senhores. Trubetskói, Petrunkévitch, Róditchev e cia. A burguesia, é claro, nem sempre entende claramente, mas de modo geral apreende perfeitamente, por intuição de classe, que, por um lado, o proletariado e o "povo" são úteis para a *sua* revolução como bucha de canhão, como aríete contra a autocracia, mas que, por outro lado, o proletariado e o campesinato revolucionário são terrivelmente perigosos para ela no caso de alcançarem "a vitória decisiva sobre o tsarismo" e levarem até o fim a revolução democrática. Por isso a burguesia, com todas as forças, procura fazer com que o proletariado se conforme em desempenhar um papel "modesto" na revolução, que seja mais sensato, mais prático, mais realista, que a sua atividade seja determinada pelo princípio: "que a burguesia não se afaste".

Os burgueses inteligentes sabem perfeitamente que não poderão livrar-se do movimento operário. Por isso não se pronunciam de modo algum contra ele, contra a luta de classes do proletariado – não, fazem mesmo toda espécie de reverências diante da liberdade de greve, da luta de classes civilizada, compreendendo o movimento operário e a luta de classes no sentido de Brentano ou de Hirsch-Duncker. Em outras palavras, estão inteiramente dispostos a "conceder" aos operários a liberdade de greve e de associação (factualmente, já quase conquistada pelos próprios operários), desde que os operários renunciem ao "revoltismo", ao "revolucionarismo estreito", à hostilidade aos "compromissos úteis práticos", à pretensão e ao desejo de imprimir "à revolução russa nacional" o selo da *sua* luta de classe, o selo da consequência proletária, da decisão proletária, do "jacobinismo plebeu". Os burgueses inteligentes de toda a Rússia procuram, por mil meios e caminhos – livros*, conferências, discursos, palestras etc. etc. –, inculcar nos operários as ideias de sobriedade (burguesa), de espírito prático (liberal), de realismo (oportunista), de luta de classes (de Brentano), de sindicatos (de Hirsch-Duncker) etc. As duas últimas palavras de ordem são particularmente cômodas para os burgueses do partido "constitucionalista-democrata" ou "da libertação", já que, na aparência, coincidem com as marxistas, pois, com algumas pequenas omissões e ligeiras deturpações, é muito fácil confundi-las com as sociais-democratas e até, às vezes, fazê-las passar por sociais-democratas.

---

* Conferir: Prokopóvitch, *A questão operária na Rússia.*

POSFÁCIO 143

Assim, por exemplo, o jornal legal liberal *Rassvet* (sobre o qual tentaremos falar de maneira um pouco mais detalhada com os leitores do *Prolietári*) diz, não raro, coisas tão "corajosas" sobre a luta de classes, sobre a possibilidade de que a burguesia engane o proletariado, sobre o movimento operário, sobre a iniciativa do proletariado etc. etc. que o leitor desatento e o operário pouco esclarecido tomarão facilmente o seu "social-democratismo" como valor nominal. Mas, na prática, isso é uma falsificação burguesa do espírito social-democrata, uma deturpação e uma deformação oportunista do conceito da luta de classes.

Na base dessa falsificação burguesa gigantesca (pela amplitude da sua influência nas massas) reside a tendência de reduzir o movimento operário, principalmente, a um movimento sindical, a mantê-lo afastado de uma política independente (ou seja, revolucionária e orientada para a ditadura democrática), a "encobrir na consciência dos operários a ideia de uma revolução russa nacional com a ideia da luta de classes".

Como pode ver o leitor, viramos de pernas para o ar a formulação da *Osvobojdiénie*. É uma excelente formulação, que expressa perfeitamente duas opiniões sobre o papel do proletariado na revolução democrática, a opinião burguesa e a opinião social-democrata. A burguesia quer reduzir o proletariado a um único movimento sindical e, dessa maneira, "encobrir na sua consciência a ideia de revolução russa nacional com a ideia da luta de classes" (*de Brentano*), perfeitamente no mesmo espírito que os autores bernsteinianos do *Credo* encobriam na consciência dos operários a ideia da luta política com a ideia do movimento "puramente operário". A social--democracia quer, pelo contrário, desenvolver a luta de classes do proletariado até a sua participação dirigente na revolução russa nacional, ou seja, conduzir essa revolução até a ditadura democrática do proletariado e do campesinato.

A nossa revolução é nacional – diz a burguesia ao proletariado. Por isso você, como classe especial, deve se limitar à sua própria luta de classes, deve, em nome do "bom senso", dirigir sua atenção principal para os sindicatos e para a sua legalização, deve considerar justamente esses sindicatos "como o ponto de partida mais importante para a sua educação política e para a sua organização", deve elaborar, principalmente nos momentos revolucionários, resoluções "sérias", do tipo das dos novo-iskristas, deve tratar com solicitude as resoluções "mais favoráveis aos liberais", deve preferir os dirigentes que têm tendência para se converterem em "dirigentes práticos do movimento político real da classe operária", deve conservar "os elementos realistas da concepção marxista do mundo" (se você, infelizmente, já tiver sido contagiado pelas "fórmulas rigorosas" desse catecismo "não científico").

A nossa revolução é nacional – diz a social-democracia ao proletariado. Por isso você deve, como a classe mais avançada e a única revolucionária até o fim, esforçar-se não apenas para participar dela da maneira mais enérgica, mas, ainda, com papel dirigente. Por isso não deve ficar restrito ao quadro, compreendido estreitamente, da luta de classes, principalmente no sentido do movimento sindical, mas, pelo contrário, deve esforçar-se por ampliar esse quadro e o conteúdo da sua luta de classe até *abarcar* nesse quadro não só *todas* as tarefas da revolução russa democrática e nacional em curso, mas, ainda, as tarefas da revolução socialista vindoura. Por isso, sem ignorar o movimento sindical, sem renunciar a utilizar a menor margem de legalidade, devem, na época da revolução, trazer para primeiro plano as tarefas da insurreição armada, da criação de um exército revolucionário e de um governo revolucionário como únicos caminhos para a vitória completa do povo sobre o tsarismo, para a conquista da república democrática e da verdadeira liberdade política.

Seria escusado dizer que, nessa questão, as resoluções novo-iskristas adotaram uma atitude equívoca, inconsequente e, naturalmente, simpática à burguesia, devido à sua "linha" errada.

II. NOVO "APROFUNDAMENTO" DA QUESTÃO PELO CAMARADA MARTÍNOV

Passemos aos artigos de Martínov nos n. 102 e 103 do *Iskra*. É evidente que não responderemos às tentativas de Martínov de demonstrar a incorreção da nossa interpretação, e a correção da dele, de uma série de citações de Engels e Marx. Essas tentativas são tão pouco sérias, os subterfúgios de Martínov são tão evidentes, a questão é tão clara que não haveria nenhum interesse em nos determos nelas mais uma vez. Qualquer leitor pensante discernirá facilmente os ardis ingênuos de Martínov na sua retirada em toda a linha, sobretudo quando forem publicadas as traduções completas das brochuras *Os bakuninistas em ação*, de Engels, e *Mensagem da direção da Liga dos Comunistas*, de Marx, de março de 1850[1], preparadas por um grupo de colaboradores do *Prolietári*. Uma única citação do artigo de Martínov é suficiente para que o leitor veja claramente o seu recuo.

O *Iskra* "reconhece" – diz Martínov no n. 103 –"a instituição de um governo provisório como uma das vias possíveis e convenientes de desenvolvimento da revolução e nega a conveniência da participação dos sociais-democratas num governo provisório *burguês*, precisamente no interesse da plena conquista, no futuro, da máquina do Estado para a revolução socialista". Em outras palavras: o *Iskra* reconheceu agora como eram absurdos todos os temores de que o governo revolucionário tivesse de assumir a responsabilidade pelo tesouro e pelos bancos, de que fosse perigoso e impossível tomar nas suas mãos as "prisões" etc. O *Iskra* apenas continua, como antes, a se confundir, misturando a ditadura democrática e a socialista. A confusão é inevitável para encobrir o seu recuo.

Mas entre os confusionistas do novo *Iskra*, Martínov destaca-se como um confusionista de primeira classe, como um confusionista, se me permitem a expressão, de talento. Confundindo a questão com suas tentativas de "aprofundá-la", ele quase sempre "inventa" novas formulações que revelam de maneira magnífica toda a falsidade da posição por ele ocupada. Recordem-se de como na época do "economismo" ele "aprofundava" Plekhánov e criou, inspiradamente, a fórmula "luta econômica contra os patrões e o

---

[1] O artigo de Engels "Os bakuninistas em ação. Notas sobre a insurreição na Espanha no verão de 1873" [ed. port.: disponível em: https://www.marxists.org; acesso em: abr. 2022.] foi traduzido para o russo sob a redação de Lênin e saiu em brochura em 1905, nas edições do Comitê Central do POSDR em Genebra, e depois, em 1906, foi reeditado em São Petersburgo. A "Mensagem do Comitê Central à Liga dos Comunistas" [ed. bras. disponível em: http://www.dominiopublico.gov.br; acesso em: abr. 2022], escrita por Marx e Engels em março de 1850, foi publicada em russo em 1906, em suplemento à brochura de Karl Marx *O processo dos comunistas em Colônia*, publicado pela editora Mólot, em São Petersburgo. (N. E. P.)

governo". Seria difícil encontrar em toda a literatura dos "economistas" uma expressão mais feliz de toda a falsidade dessa tendência. Agora se dá o mesmo: Martínov serve zelosamente o novo *Iskra* e quase todas as vezes em que toma a palavra nos oferece novo e excelente material para a apreciação da falsa posição novo-iskrista. No n. 102, diz que Lênin "substituiu de maneira imperceptível o conceito de revolução pelo de ditadura" (p. 3, col. 2).

A essa acusação se reduzem em essência todas as acusações dos novo-iskristas contra nós. E como estamos agradecidos a Martínov por essa acusação! Que inestimável serviço nos presta na luta contra o novo-iskrismo, formulando a sua acusação dessa maneira! Definitivamente, teremos de pedir à redação do *Iskra* que lance mais vezes Martínov contra nós, encarregando-o do "aprofundamento" dos ataques ao *Prolietári* e da sua formulação "verdadeiramente de princípios". Isso porque, quanto mais Martínov se esforça por fundamentar os seus argumentos nos princípios, tanto pior o faz e tanto mais nitidamente demonstra as falhas do novo-iskrismo, e com tanto mais sucesso realiza, sobre si mesmo e sobre seus amigos, a útil operação pedagógica de *reductio ad absurdum* (de redução ao absurdo dos princípios do novo *Iskra*).

O *Vperiod* e o *Prolietári* "substituem" o conceito de revolução pelo de ditadura. O *Iskra* não quer tal "substituição". É justamente isso, venerável camarada Martínov! Sem querer, você disse uma grande verdade. Confirmou, por meio de uma *nova* formulação, a nossa afirmação de que o *Iskra* vai na cauda da revolução, desvia-se para uma formulação osvobojdienista das suas tarefas, enquanto o *Vperiod* e o *Prolietári* oferecem palavras de ordem que conduzem a revolução democrática adiante.

Você não entende isso, camarada Martínov? Tendo em vista a importância da questão, tentaremos dar-lhe uma explicação detalhada.

O caráter burguês da revolução democrática se expressa, entre outras coisas, no fato de que uma série de classes, grupos e camadas sociais, que se colocam completamente no terreno do reconhecimento da propriedade privada e da economia mercantil, e que são incapazes de sair desses limites, chegam, pela força das coisas, a reconhecer a inutilidade da autocracia e de todo o regime de servidão em geral e aderem à reivindicação da liberdade. Nisso, aparece cada vez mais claro o caráter burguês dessa liberdade reivindicada pela "sociedade", defendida com uma torrente de palavras (e só de palavras!) pelos latifundiários e pelos capitalistas. Junto com isso, torna-se também cada vez mais evidente a diferença radical entre a luta dos operários e a da burguesia pela liberdade, entre o democratismo proletário e o liberal. A classe operária e os seus representantes conscientes avançam e empurram adiante essa luta, não só sem medo de levá-la até ao fim, mas esforçando-se para ir muito além do próprio fim longínquo da revolução democrática. A burguesia é inconsequente e egoísta – só parcial e hipocritamente aceita as palavras de ordem de liberdade. Todas as tentativas de determinar com uma linha particular, com "pontos" especialmente elaborados (como os pontos da resolução de Starover ou da dos conferencistas), os limites para além dos quais começa essa hipocrisia dos amigos burgueses da liberdade, ou, se quisermos, essa traição à liberdade pelos seus amigos burgueses, estão infalivelmente condenadas ao fracasso, pois a burguesia, colocada entre dois fogos (a autocracia e o proletariado), é capaz, por mil caminhos e meios, de mudar a sua posição e suas palavras de ordem, adaptando-se um palmo à esquerda e um palmo à direita, negociando e regateando constantemente. A tarefa da democracia proletária consiste não na invenção desses "pontos" mortos, mas numa crítica incansável da situação política em desenvolvimento, no desmascaramento das sempre novas e imprevisíveis inconsequências e traições da burguesia.

Recordem-se da história das intervenções políticas do sr. Struve na literatura ilegal, a história da guerra da social-democracia contra ele, e verão com toda a evidência como a social-democracia, campeã da democracia proletária, cumpria essas tarefas. O sr. Struve começou com a palavra de ordem, puramente chipovista, de "direitos e um *zemstvo* com poder" (ver na *Zariá* o meu artigo "Os perseguidores do *zemstvo* e os Aníbais do liberalismo"[2]). A social-democracia desmascarava-o e empurrava-o para um programa nitidamente constitucionalista. Quando esses "empurrões" surtiram efeito, graças aos rumos particularmente rápidos dos acontecimentos revolucionários, a luta orientou-se para a *próxima* questão da democracia: não só uma

---

[2] Ver Vladímir Ilitch Lênin, *Obras completas* (5 ed., Moscou, Издательство Политической Литературы/Izdátelstvo Polititcheskoi Literatúry, 1963), t. 5, p. 21-72. (N. E. R.)

constituição em geral, mas também, obrigatoriamente, o sufrágio universal, igual, direto e secreto. Quando "tomamos" do "inimigo" também essa nova posição (a aprovação do sufrágio universal pela "União da Libertação"), começamos a pressionar mais, demonstrando a hipocrisia e a falsidade do sistema de duas câmaras, a insuficiência do reconhecimento do sufrágio universal pelos osvobojdienistas, assinalando, no seu *monarquismo*, o caráter de corretagem da sua democracia ou, em outras palavras, a *comercialização daninha* dos interesses da grande revolução russa por esses osvobojdienistas heróis dos sacos de dinheiro.

Finalmente, a selvagem obstinação da autocracia, o gigantesco progresso da guerra civil, a situação sem saída a que os monárquicos tinham levado a Rússia começaram a penetrar mesmo nas cabeças mais teimosas. A revolução convertia-se em um *fato*. Para reconhecer a revolução já não era necessário ser revolucionário. O governo autocrático decompunha-se factualmente e decompõe-se à vista de todos. Como assinalou com razão um liberal (o sr. Gredéskul) na imprensa legal, criou-se factualmente a desobediência contra esse governo. Apesar de toda a sua aparente força, a autocracia demonstrou ser impotente, os acontecimentos da revolução em desenvolvimento começaram simplesmente a afastar para o lado esse organismo parasitário em decomposição. Forçados a construir a sua atividade (ou, melhor dizendo, os seus bons negócios políticos) com base em determinadas relações de fato existentes, os liberais burgueses *começaram a verificar a necessidade de reconhecer a revolução*. Fazem-no não porque sejam revolucionários, mas apesar de não serem revolucionários. Fazem-no por necessidade e contra a sua vontade, vendo com ódio os sucessos da revolução, acusando de revolucionarismo a autocracia, que não quer acordos, antes quer uma luta de vida ou de morte. Negociantes natos, odeiam a luta e a revolução, mas as circunstâncias obrigam-nos a colocar-se no solo da revolução, uma vez que não há outro solo debaixo dos pés.

Assistimos a um espetáculo altamente edificante e altamente cômico. As prostitutas do liberalismo burguês tentam cobrir-se com a toga do revolucionarismo. Os osvobojdienistas – *risum teneatis, amici!** – os osvobojdienistas

---

* Contenham o riso, amigos!

começam a falar em nome da revolução! Os osvobojdienistas começam a assegurar que "não temem a revolução" (o sr. Struve, no n. 72 da *Osvobojdiénie*)!! Os osvobojdienistas manifestam a pretensão de "colocar-se à frente da revolução"!!

Esse é um fenômeno extraordinariamente significativo, que caracteriza não apenas o progresso do liberalismo burguês, mas, mais que isso, o progresso dos sucessos reais do movimento revolucionário que *obrigou* ao seu reconhecimento. Até a burguesia está começando a sentir que é mais vantajoso passar para o terreno da revolução, de tão abalada que está a autocracia. Mas, por outro lado, esse fenômeno, que testemunha o ascenso de todo o movimento a um estágio novo, superior, coloca diante de nós tarefas também novas e também superiores. O reconhecimento da revolução pela burguesia não pode ser sincero, independentemente da boa-fé pessoal de um ou outro ideólogo da burguesia. A burguesia não pode deixar de trazer, também nesse estágio superior do movimento, o egoísmo e a inconsequência, a negociata e os pequenos subterfúgios reacionários. Em nome do nosso programa e para o desenvolvimento do nosso programa, devemos agora formular *de outra maneira* as tarefas *concretas* imediatas da revolução. O que ontem era suficiente *hoje é insuficiente*. Ontem talvez fosse suficiente, como palavra de ordem democrática avançada, exigir o reconhecimento da revolução. A partir de agora, isso é pouco. A revolução obrigou até o sr. Struve a reconhecê-la. A partir de agora, da classe avançada exige-se que determine exatamente *o próprio conteúdo* das tarefas imediatas e inadiáveis dessa revolução. Os senhores Struve, ao reconhecerem a revolução, mostram uma e outra vez as suas orelhas de burro, entoando de novo a velha cantilena da possibilidade de uma saída pacífica, de que Nicolau chame ao poder os senhores osvobojdienistas etc. etc. Os senhores osvobojdienistas reconhecem a revolução com o objetivo de, sem correr riscos, escamotear essa revolução, traí-la. Nossa causa, doravante, é indicar ao proletariado e a todo o povo a insuficiência da palavra de ordem revolução e mostrar a necessidade da clara e inequívoca, consequente e decidida definição do *próprio conteúdo* da revolução. E tal definição é representada pela palavra de ordem, a única capaz de traduzir corretamente a "vitória decisiva" da revolução, pela palavra de ordem de ditadura revolucionária democrática do proletariado e do campesinato.

[O abuso das palavras é um fenômeno muito corrente em política. Por exemplo, intitularam-se mais de uma vez "socialistas" os partidários do liberalismo burguês ("Agora todos somos socialistas" – *We all are socialists now*, disse Harcourt), os partidários de Bismarck e os amigos do papa Leão XIII. A palavra "revolução" também se presta perfeitamente ao abuso, e, em certa etapa do desenvolvimento do movimento, tal abuso é inevitável. Quando o sr. Struve começou a falar em nome da revolução, nós nos lembramos involuntariamente de Thiers. Poucos dias antes da revolução de fevereiro, esse gnomo monstruoso, esse intérprete ideal da venalidade política da burguesia, pressentiu a aproximação da tempestade popular. E declarou da tribuna parlamentar que *pertencia ao partido da revolução!* (ver *A guerra civil na França*, de Marx[3]). O significado político da passagem da *Osvobojdiénie* para o partido da revolução é absolutamente idêntico ao dessa "passagem" de Thiers. Quando os Thiers russos começam a falar que pertencem ao partido da revolução quer dizer que a palavra de ordem da revolução se tornou insuficiente, não diz nada, não determina nenhuma tarefa, pois a revolução se tornou um fato e passam em massa para o seu lado os elementos mais heterogêneos.

Na verdade, o que é a revolução do ponto de vista marxista? É a destruição violenta da superestrutura política obsoleta, cuja contradição com as novas relações de produção conduziu, num momento determinado, ao seu colapso. A contradição da autocracia com toda a estrutura da Rússia capitalista, com todas as necessidades do seu desenvolvimento democrático burguês, conduziu agora a um colapso, tanto mais forte quanto mais tempo se fosse mantendo artificialmente essa contradição. A superestrutura esgarça em todas as costuras, cede à pressão, enfraquece. O povo precisa criar, ele próprio, por meio dos representantes das mais diversas classes e grupos, uma nova superestrutura para si. Num momento determinado do desenvolvimento, torna-se evidente para todos a imprestabilidade da velha superestrutura. Todos reconhecem a revolução. A tarefa consiste então em definir *quais são* precisamente as classes e *como precisamente* devem construir a nova superestrutura. Sem tal definição a palavra de ordem da revolução é,

---

[3] Karl Marx, *A guerra civil na França* (trad. Rubens Enderle, São Paulo, Boitempo, 2011), p. 38. (N. E.)

nesse dado momento, vazia e sem conteúdo, pois a fraqueza da autocracia torna "revolucionários" até os grão-duques e o *Moskóvskie Viédomosti*! Sem tal definição nem sequer se pode falar das tarefas democráticas avançadas da classe avançada. E com essa definição é justamente a palavra de ordem de ditadura democrática do proletariado e do campesinato. Essa palavra de ordem define tanto as classes nas quais podem e devem apoiar-se os novos "construtores" da nova superestrutura quanto o seu caráter (ditadura "democrática", diferentemente da socialista) e o método de construção (ditadura, ou seja, esmagamento violento da resistência violenta, armamento das classes revolucionárias do povo). Quem não reconheça, a partir de agora, essa palavra de ordem de ditadura democrática revolucionária, a palavra de ordem de exército revolucionário, de governo revolucionário, de comitês camponeses revolucionários, ou não compreende irremediavelmente as tarefas da revolução, não sabe definir as novas e superiores tarefas colocadas pelo momento presente, ou então engana o povo, trai a revolução, abusando da palavra de ordem de "revolução".

O primeiro caso é o do camarada Martínov e seus amigos. O segundo caso é o do sr. Struve e de todo o partido "constitucionalista-democrata" dos *zemstvos*.

O camarada Martínov foi tão perspicaz e espirituoso que apresentou a acusação da "substituição" dos conceitos de revolução e de ditadura precisamente quando o desenvolvimento da revolução exigiu que se definissem as suas tarefas com a palavra de ordem de ditadura! O camarada Martínov, factualmente, teve a infelicidade de ficar outra vez na cauda, de parar no penúltimo degrau, *de se encontrar no nível do osvobojdienismo*, pois é justamente à posição política osvobojdienista, ou seja, aos interesses da burguesia liberal monárquica, que corresponde agora o reconhecimento da "revolução" (em palavras) e a falta de vontade de reconhecer a ditadura democrática do proletariado e do campesinato (ou seja, a revolução na prática). A burguesia liberal se pronuncia agora, pela boca do sr. Struve, a favor da revolução. O proletariado consciente exige, pela boca dos sociais-democratas revolucionários, a ditadura do proletariado e do campesinato. E aqui se intromete na discussão o sábio do novo *Iskra*, gritando: não ousem "substituir" os conceitos de revolução e de ditadura! Ora, não será verdade que a falsidade da posição dos novo-iskristas os condena a se arrastarem constantemente na cauda do osvobojdienismo?]

Mostramos que os osvobojdienistas sobem degrau a degrau (não sem a influência dos empurrões estimulantes da social-democracia) no sentido do reconhecimento do democratismo. A princípio, a questão da nossa discussão com eles era esta: chipovinismo (direitos e um *zemstvo* com poder) ou constitucionalismo? Em seguida, eleições limitadas ou sufrágio universal? Mais adiante: reconhecimento da revolução ou acordo de traficantes com a autocracia? E, finalmente, agora: reconhecimento da revolução sem ditadura do proletariado e do campesinato ou reconhecimento da reivindicação da ditadura dessas classes na revolução democrática? É possível e provável que os senhores osvobojdienistas (os de agora ou os seus sucessores na ala esquerda da democracia burguesa, tanto faz) subam mais um degrau, ou seja, reconheçam com o tempo (talvez, no tempo em que o camarada Martínov subir outro degrau) também a palavra de ordem de ditadura. E isso será mesmo inevitável, se a revolução russa seguir adiante com sucesso e chegar até a vitória decisiva. Qual será, então, a posição da social-democracia? A vitória completa da revolução em curso será o fim da revolução democrática e o princípio da luta decisiva pela revolução socialista. A satisfação das reivindicações do campesinato contemporâneo, o completo esmagamento da reação, a conquista da república democrática marcarão o fim completo do revolucionarismo da burguesia e mesmo da pequena burguesia, marcarão o começo da verdadeira luta do proletariado pelo socialismo. Quanto mais completa for a revolução democrática, tanto mais rápida, ampla, nítida e decididamente se desenvolverá essa nova luta. A palavra de ordem de ditadura "democrática" é que exprime o caráter histórico limitado da revolução em curso e a necessidade de uma nova luta, na base da nova ordem de coisas, pela libertação total da classe operária de todo o jugo e de toda a exploração. Em outras palavras: quando a burguesia democrática ou a pequena burguesia subir mais um degrau, quando for um fato não só a revolução mas também a vitória completa da revolução, então "substituiremos" (talvez entre gritos de horror dos novos futuros Martínov) a palavra de ordem de ditadura democrática pela palavra de ordem de ditadura socialista do proletariado, ou seja, da revolução socialista completa.

III. A EXPOSIÇÃO BURGUESA VULGAR DA DITADURA E O PONTO DE VISTA DE MARX SOBRE ELA

Mehring relata nas notas dedicadas à edição por ele publicada dos artigos de Marx na *Nova Gazeta Renana* em 1848 que a literatura burguesa censura, entre outras coisas, a exigência do jornal de "instauração imediata da ditadura como único meio de realização da democracia"[4]. Do ponto de vista burguês vulgar, o conceito de ditadura e o conceito de democracia excluem-se um ao outro. Ao não entender a teoria da luta de classes, tendo se acostumado a ver na arena política unicamente as pequenas disputas dos diversos círculos e tertúlias da burguesia, o burguês entende por ditadura a anulação de todas as liberdades e garantias da democracia, toda a arbitrariedade, todo o abuso do poder no interesse pessoal do ditador. Em essência, justamente esse ponto de vista burguês vulgar transparece também no nosso Martínov, que, como conclusão da sua "nova campanha" no novo *Iskra*, explica a paixão do *Vperiod* e do *Prolietári* pela palavra de ordem de ditadura com o fato de Lênin "desejar apaixonadamente tentar a sorte" (*Iskra*, n. 103, p. 3, col. 2). Essa encantadora explicação está inteiramente no nível das acusações burguesas à *Nova Gazeta Renana* de pregar a ditadura. Também Marx, consequentemente, foi acusado – só que não por "sociais-democratas", mas por liberais burgueses! – de "substituir os conceitos de revolução e ditadura". Para esclarecer Martínov sobre o conceito de ditadura de uma classe, diferentemente de ditadura de uma personalidade, e as tarefas da ditadura democrática, diferentemente das da ditadura socialista, não é inútil nos determos no ponto de vista da *Nova Gazeta Renana*.

---

[4] Lênin cita a introdução de Mehring ao livro *Aus dem literarischen Nachlass von Karl Marx, Friedrich Engels und Ferdinand Lassalle* [Da herança literária de Karl Marx, Friedrich Engels e Ferdinand Lassalle], Franz Mehring (org.), t. 3, Stuttgart, 1902, p. 53. (N. E. P.)

Toda situação política provisória – escreveu a *Nova Gazeta Renana* em 14 de setembro de 1848 – posterior a uma revolução exige uma ditadura, e mesmo uma ditadura enérgica. Criticamos Camphausen – presidente do ministério depois de 18 de março de 1848 – desde o início por não ter agido ditatorialmente, por não ter destruído e removido imediatamente os restos das velhas instituições. Assim, enquanto o sr. Camphausen se embalava no sonho constitucional, o partido vencido – ou seja, o partido da reação – fortalecia as posições na burocracia e no Exército, e ousava mesmo, aqui e acolá, a luta aberta.[5]

Nessas palavras – Mehring diz de maneira justa –, está resumida a ideia exposta detalhadamente em longos artigos da *Nova Gazeta Renana* sobre o ministério Camphausen. O que nos dizem, afinal, tais palavras de Marx? Que um governo provisório revolucionário *deve* atuar ditatorialmente (posição que o *Iskra* não pôde entender de forma alguma, pelo seu medo à palavra de ordem ditadura); que é tarefa dessa ditadura a destruição dos restos das velhas instituições (justamente o que está indicado de modo claro na resolução do III Congresso do POSDR sobre o combate à contrarrevolução e que é omitido na resolução da conferência, como já mostramos anteriormente). Por fim, em terceiro lugar, dessas palavras decorre que Marx fustigava os democratas burgueses pelas suas "ilusões constitucionais" numa época de revolução e de guerra civil aberta. Qual o sentido dessas palavras fica sobretudo evidente no artigo da *Nova Gazeta Renana* de 6 de junho de 1848.

A assembleia constituinte popular – escreveu Marx – deve ser, em primeiro lugar, uma assembleia ativa, revolucionariamente ativa. Mas a assembleia de Frankfurt entrega-se a exercícios escolares de parlamentarismo e deixa ao governo agir. Admitindo que esse sábio concílio consiga, depois de madura reflexão, elaborar a melhor ordem do dia e a melhor constituição, para que servirá a melhor ordem do dia e a melhor constituição se, entretanto, os governos alemães colocarem a baioneta na ordem do dia?[6]

---

[5] Ibidem, 53-4 [ed. bras.: Karl Marx e Friedrich Engels, "A crise e a contra-revolução", *Margem*, São Paulo, n. 14, dez. 2022, p. 245; disponível em: pucsp.br/margem/princ; acesso em: abr. 2022.]. (N. E.)

[6] Karl Marx e Friedrich Engels, "Os programas do Partido Democrático Radical em Frankfurt e da esquerda de Frankfurt" (*Nova Gazeta Renana*, 7. jun. 1848). O artigo a que Lênin se refere foi escrito no dia 6 de junho, mas publicado no dia seguinte. (N. E.)

É esse o sentido da palavra de ordem ditadura. Daqui se pode deduzir qual seria a atitude de Marx em face de resoluções que consideram a "decisão de organizar a assembleia constituinte" como vitória decisiva ou que convidam "a continuar a ser o partido da oposição revolucionária extrema"!

As grandes questões da vida dos povos são decididas somente pela força. As próprias classes reacionárias são geralmente as primeiras a recorrer à violência, à guerra civil, a "colocar a baioneta na ordem do dia", como o fez a autocracia russa e continua fazendo, sistemática e constantemente, em toda a parte, desde 9 de janeiro. E, uma vez criada tal situação, uma vez que a baioneta realmente encabeça a ordem política do dia, uma vez que a insurreição se revelou imprescindível e inadiável, as ilusões constitucionais e os exercícios escolares de parlamentarismo não servem senão para encobrir a traição da burguesia à revolução, para encobrir o fato de que a burguesia "se afasta" da revolução. A classe realmente revolucionária deve, então, lançar precisamente a palavra de ordem da ditadura.

Em relação às tarefas dessa ditadura, Marx escreveu ainda na *Nova Gazeta Renana*: "A assembleia nacional devia ter atuado ditatorialmente contra as intentonas reacionárias dos governos caducos e assim teria adquirido tal força na opinião popular que contra ela se teriam quebrado todas as baionetas... Mas essa assembleia aborrece o povo alemão em vez de o atrair para si ou de ser por ele atraída"[7]. A assembleia nacional deveria, segundo a opinião de Marx, "eliminar da situação realmente existente na Alemanha tudo quanto se opusesse ao princípio da soberania do povo", depois, "consolidar o terreno revolucionário sobre o qual se encontrava e assegurar contra todos os ataques a soberania do povo conquistada pela revolução"[8].

Consequentemente, pois, as tarefas que Marx atribuía em 1848 ao governo revolucionário ou à ditadura reduziam-se, em primeiro lugar, pelo seu

---

[7] Idem. (N. E.)

[8] Lênin cita com pequenas modificações, um artigo de Engels, que, no entanto foi veiculado originalmente com assinatura de Marx. Trata-se de "A Assembleia Nacional de Frankfurt", sétimo texto de um conjunto maior: "Revolução e contra-revolução na Alemanha", em *Obras escolhidas em três tomos* (trad. José Barata Moura, Edições Avante!/Edições Progresso, Lisboa/Moscou, 1982; disponível em: https://www.marxists.org; acesso em: abr. 2022). (N. E.)

conteúdo, à revolução *democrática*: defesa contra a contrarrevolução e eliminação factual de tudo aquilo que estivesse em contradição com a soberania popular. E isso não é senão a ditadura revolucionária democrática.

Vejamos agora: quais as classes que podiam e deviam, na opinião de Marx, realizar essa tarefa (aplicar na prática até o fim o princípio da soberania do povo e repelir os ataques da contrarrevolução). Marx fala do "povo". Mas nós sabemos que ele lutou sempre, sem piedade, contra as ilusões pequeno-burguesas da unidade do "povo", da ausência de luta de classes no seio do povo. Ao empregar a palavra "povo", Marx não ocultava com essa palavra a diferença de classes, antes reunia determinados elementos capazes de levar a revolução até o fim.

Depois da vitória do proletariado berlinense em 18 de março – escreveu a *Nova Gazeta Renana* –, os resultados da revolução foram duplos:

> De um lado, o armamento do povo, o direito de associação, a soberania do povo conquistada de fato; de outro, a conservação da monarquia e o ministério Camphausen-Hansemann, isto é, o governo dos representantes da alta burguesia.
>
> A revolução teve, pois, duas séries de resultados, que deviam necessariamente se contrapor. O povo vencera, conquistara liberdades de natureza decididamente democrática; mas o domínio imediato não passou para suas mãos, mas para as da grande burguesia.
>
> Em uma palavra, a revolução não se consumou. O povo deixou à grande burguesia a constituição de um ministério, e a grande burguesia demonstrou imediatamente suas tendências oferecendo uma aliança à velha nobreza prussiana e à burocracia. Arnim, Kanitz, Schwerin entraram no ministério.
>
> *A alta burguesia, desde sempre antirrevolucionária, por medo do povo, isto é, dos trabalhadores e da burguesia democrática, firmou uma aliança defensiva e ofensiva com a reação.* (Destacado por nós).[9]

Assim, não só "a decisão de organizar uma assembleia constituinte" mas a sua própria convocação são insuficientes para a vitória decisiva da revolução! Mesmo depois da vitória parcial na luta armada (vitória dos operários berlinenses sobre a tropa em 18 de março de 1848), é possível uma revolução

---

[9] Friedrich Engels, "O debate sobre a revolução em Berlim" (*Germinal: Marxismo e Educação em Debate*, Salvador, v. 12, n. 3, dez. 2021), p. 589-90. Lênin não segue a divisão de parágrafos do original, aqui reproduzida. (N. E.)

"inacabada", "não levada até o fim". De que depende, afinal, levá-la até o fim? Das mãos para as quais passe o domínio imediato: dos Petrunkévitch e dos Róditchev, ou seja, dos Camphausen e Hansemann, ou para as mãos do *povo*, isto é, dos operários e da burguesia democrática. No primeiro caso, a burguesia terá o poder, e o proletariado, a "liberdade de crítica", a liberdade de "continuar a ser o partido da oposição revolucionária extrema". A burguesia, imediatamente depois da vitória, concluirá uma aliança com a reação (isso aconteceria inevitavelmente também na Rússia se os operários de Petersburgo, por exemplo, conseguissem uma vitória apenas parcial em combate de rua contra a tropa e deixassem aos senhores Petrunkévitch e cia. a formação do governo). No segundo caso, seria possível a ditadura revolucionária democrática, ou seja, a vitória completa da revolução.

Resta determinar com maior exatidão o que precisamente entendia Marx por "burguesia democrática" (*demokratische Bürgerschaft*), à qual, junto com os operários, ele denominava povo, em contraposição à grande burguesia.

A seguinte passagem de um artigo da *Nova Gazeta Renana*, publicado em 29 de julho de 1848, oferece uma resposta clara a essa questão: "A Revolução Alemã de 1848 não é senão uma paródia da Revolução Francesa de 1789".

> Em 4 de agosto de 1789, três semanas após a tomada da Bastilha, em um dia o povo francês deu cabo dos encargos feudais.
>
> Em 11 de julho de 1848, quatro meses após as barricadas de março, os encargos feudais deram cabo do povo alemão, teste Gierke cum Hansemanno*.
>
> A burguesia francesa de 1789 não abandonou um só instante seus aliados, os camponeses. Ela sabia que a base de sua dominação era a destruição do feudalismo no campo, a criação de uma classe de camponeses livres e proprietários.
>
> A burguesia alemã de 1848 traiu sem qualquer decoro os camponeses, seus aliados mais naturais, a carne de sua carne, e sem os quais ela é impotente ante a nobreza. A persistência, a sanção dos direitos feudais sob a forma de um (ilusório)

---

* "Testemunhas: o sr. Gierke e o sr. Hansemann". Hansemann era o ministro do partido da grande burguesia (em russo, Trubetskói, ou Róditchev etc.). Gierke, ministro da Agricultura do gabinete Hansemann, elaborou um projeto, um projeto "audaz" que pretendia a "abolição sem indenização das cargas feudais" e, de fato, abolição das cargas pequenas e sem importância, mas conservação ou resgate mediante pagamento das mais essenciais. O sr. Gierke, assim como os senhores. Kablukov, Manuílov, Herzenstein russos e outros semelhantes amigos liberais burgueses do mujique, queria uma "ampliação da propriedade agrária camponesa", mas sem querer ofender os latifundiários.

resgate, eis afinal o resultado da Revolução Alemã de 1848. Eis o parco resultado de tanta agitação![10]

Essa é uma passagem muito instrutiva, que nos oferece quatro posições importantes: 1) a Revolução Alemã, não acabada, diferencia-se da francesa, acabada, pelo fato de que a burguesia traiu não só a democracia em geral, mas, em particular, o campesinato; 2) a base de realização completa da revolução democrática é a criação de uma classe de camponeses livres; 3) a criação de tal classe quer dizer a eliminação das obrigações feudais, a destruição do feudalismo, mas ainda não significa, de maneira nenhuma, a revolução socialista; 4) os camponeses são "os aliados mais naturais" da burguesia, precisamente da burguesia democrática, sem os quais ela é "impotente" contra a reação.

Todas essas posições, modificadas de acordo com as particularidades nacionais concretas, colocando a servidão no lugar de feudalismo, podem também ser aplicadas na sua totalidade à Rússia de 1905. Não há dúvida de que, tirando uma lição da experiência da Alemanha, à luz de Marx, não podemos chegar a uma palavra de ordem para a vitória decisiva da revolução que não seja ditadura revolucionária democrática do proletariado e do campesinato. Não há dúvida de que o proletariado e o campesinato são as principais partes constituintes do "povo" que Marx contrapunha, em 1848, à reação que resistia e à burguesia que traía. Não há dúvida de que na Rússia também a burguesia liberal e os senhores osvobojdienistas traem e trairão o campesinato, ou seja, vão limitar-se a uma pseudorreforma, vão colocar-se ao lado dos latifundiários na luta decisiva entre estes e o campesinato. Só o proletariado é capaz de apoiar até o fim os camponeses nessa luta. Não há dúvidas de que, finalmente, também na Rússia, a vitória da luta camponesa, ou seja, a passagem de todas as terras para o campesinato significará uma revolução democrática completa, será a base social da revolução levada até o fim, mas não será, de maneira nenhuma, uma revolução socialista nem a "socialização" de que falam os ideólogos da pequena burguesia, os socialistas--revolucionários. O sucesso da insurreição camponesa, a vitória da revolução

---

[10] Karl Marx, "Projeto de lei sobre a regovação dos encargos feudais", *Margem*, cit., p. 241. (N. E.)

POSFÁCIO 159

democrática, somente limpará o caminho para uma luta decidida e verdadeira pelo socialismo no solo da república democrática. O campesinato, como classe possuidora de terra, desempenhará nessa luta o mesmo papel de traição, de inconsequência, que agora desempenha a burguesia na luta pela democracia. Esquecer isso é esquecer o socialismo, enganar-se a si mesmo e aos outros em relação aos verdadeiros interesses e às verdadeiras tarefas do proletariado.

Para não deixar uma lacuna na exposição dos pontos de vista de Marx em 1848, é necessário sublinhar uma diferença essencial entre a social-democracia alemã de então (ou partido comunista do proletariado, aplicando a linguagem de então) e a social-democracia russa contemporânea. Concedamos a palavra a Mehring:

> A *Nova Gazeta Renana* apareceu na arena política como "órgão da democracia". Não é possível deixar de ver o fio condutor que atravessa todos os seus artigos. Mas, diretamente, defendia mais os interesses da revolução burguesa contra o absolutismo e o feudalismo do que os interesses do proletariado contra os interesses da burguesia. Poucos materiais encontrarão nas suas colunas sobre o movimento operário específico durante a revolução, embora não se deva esquecer que, ao mesmo tempo, era publicado duas vezes por semana, sob a direção de Moll e Schapper, um órgão particular da União Operária de Colônia. De qualquer forma, torna-se evidente para o leitor contemporâneo o pouco interesse que a *Nova Gazeta Renana* dedicava ao movimento operário alemão de então, apesar de a sua cabeça mais capaz, Stephan Born, ter sido discípulo de Marx e Engels em Paris e Bruxelas e, em 1848, correspondente em Berlim do seu jornal. Born conta nas suas *Memórias* que Marx e Engels nunca lhe disseram uma só palavra de desaprovação da sua agitação operária. Mas declarações posteriores de Engels tornam verossímil que estes estavam descontentes, pelo menos, com os métodos dessa agitação. Esse descontentamento era fundado na medida em que Born se via obrigado a fazer muitas concessões à consciência de classe do proletariado, não completamente desenvolvida ainda na maior parte da Alemanha, concessões que não resistiam à crítica do ponto de vista do *Manifesto Comunista*. O seu descontentamento não era fundado na medida em que, apesar de tudo, Born soube manter a agitação dirigida por ele num nível relativamente alto... Sem dúvida, Marx e Engels histórica e politicamente tinham razão quando viam o interesse

fundamental da classe operária, em primeiro lugar, em impelir para a frente o mais possível a revolução burguesa... Não obstante, uma prova notável de como o instinto elementar do movimento operário sabe corrigir as concepções dos pensadores mais geniais é dada pelo fato de que, em abril de 1849, eles se pronunciaram por uma organização operária específica e decidiram participar no congresso operário, que estava a ser organizado principalmente pelo proletariado do leste do Elba (Prússia oriental).

De modo que, só em abril de 1849, quase um ano depois do aparecimento do jornal revolucionário (a *Nova Gazeta Renana* começou a sair em 1º de junho de 1848), Marx e Engels se pronunciaram a favor de uma organização particular dos operários! Até então dirigiam simplesmente um "órgão da democracia", não ligado por qualquer laço orgânico a um partido operário independente! Esse fato, monstruoso e inacreditável do nosso ponto de vista contemporâneo, demonstra claramente a diferença entre a social-democracia alemã de então e o atual partido operário social-democrata russo. Demonstra quantas vezes menos se manifestavam os traços proletários do movimento, a corrente proletária nele, na revolução democrática alemã (devido ao atraso da Alemanha em 1848, tanto no sentido econômico quanto no político – o seu fracionamento estatal). Isso não se deve esquecer (como o esquece, por exemplo, Plekhánov)[11] na avaliação das numerosas declarações de Marx, dessa época e da época um pouco posterior, sobre a necessidade da organização independente de um partido do proletariado. Apenas com a experiência da revolução democrática Marx, ao cabo de quase um ano, tirou esta conclusão prática: a tal ponto era então filistina, pequeno-burguesa, toda a atmosfera da Alemanha. Para nós, essa conclusão já é uma velha e sólida aquisição da experiência de meio século da social-democracia internacional, aquisição com a qual *iniciamos* a organização do Partido Operário Social-Democrata Russo. Entre nós, por exemplo, nem sequer se pode falar de os jornais revolucionários do proletariado estarem fora do partido social--democrata do proletariado ou aparecerem, nem que seja por um minuto, simplesmente como "órgãos da democracia".

---

[11] O texto entre parênteses foi omitido nas edições do folheto. (N. E. R.)

POSFÁCIO 161

Mas a contraposição, que apenas começava a revelar-se entre Marx e Stephan Born, existe entre nós numa forma tanto mais desenvolvida quanto a corrente proletária é mais poderosa na torrente democrática da nossa revolução. Referindo-se ao provável descontentamento de Marx e Engels pela agitação de Stephan Born, Mehring exprime-se de forma demasiadamente suave e evasiva. Eis o que escrevia Engels sobre Born, em 1885 (prólogo de *Enthüllungen über den Kommunistenprozeß zu Köln*, Zurique, 1885[12]):

> Prova-se agora que a Liga tinha sido uma excelente escola de atividade revolucionária. [...] Por toda a parte, membros da Liga dos Comunistas estavam à frente do movimento democrático extremo. [...] O compositor tipográfico Stephan Born, que em Bruxelas e em Paris tinha trabalhado como membro ativo da Liga, fundou uma "Fraternidade Operária" (*Arbeiterverbrüderung*), que teve uma difusão considerável e subsistiu até 1850. Born, um jovem muito talentoso que, porém, estava demasiado apressado em tornar-se uma figura política, confraternizou com os mais diversos gregos e troianos (*Kreti und Plethi*) apenas para juntar uma porção de gente, e não era de modo nenhum o homem que podia trazer unidade às tendências que se opunham, luz ao caos. Nas publicações oficiais desta associação circulam, por isso, perspectivas defendidas pelo *Manifesto Comunista* misturadas com reminiscências corporativas e desejos corporativos, restos de Louis Blanc e Proudhon, protecionices, etc.; em suma, queria-se agradar a toda a gente (*allen alles sein*). *Especialmente, organizavam greves, associações de ofícios, cooperativas de produção e esqueciam-se de que se tratava antes de mais nada de conquistar, por meio de vitórias políticas, o terreno* a partir do qual, somente com o tempo, tais coisas são realizáveis. (Destacado por nós). Quando, depois, as vitórias da reação tornaram perceptível aos dirigentes da Fraternidade a necessidade de entrar diretamente na luta revolucionária, eles foram evidentemente abandonados pela massa confusa que tinha se agrupado à sua volta. Born participou em Dresden da insurreição de maio de 1849 e escapou com sorte. Mas, em face do grande movimento político do proletariado, a "Fraternidade Operária" portou-se apenas como uma liga separada que, em grande parte, só existia no papel e agia de modo tão subordinado que a reação só achou necessário reprimi-la em 1850 e, só muito depois, a suas filiais que continuaram a existir. Born, que se chama

---

[12] Lênin refere-se a Karl Marx, *Enthüllungen über den Kommunistenprozeß zu Köln* [*Revelações sobre o processo de Colônia dos comunistas*], Hottingen/Zurique, 1885. (N. E. R. A.)

propriamente *Buttermilch**, não se tornou figura política nenhuma, mas um pequeno professor suíço que já não traduz Marx em linguagem corporativa, mas o doce Renan no seu próprio alemão açucarado.[13]

Eis como Engels avaliava as duas táticas da social-democracia na revolução democrática!

Os nossos novo-iskristas também tendem ao "economismo" com tão desrazoável zelo que merecem os elogios da burguesia monárquica pela sua "lucidez". Eles também reúnem à sua volta um público díspar, adulando os "economistas", seduzindo demagogicamente a massa atrasada com as palavras de ordem de "independência", "democratismo", "autonomia" etc. etc. As suas associações operárias existem também frequentemente apenas nas páginas do novo *Iskra* khlestakovista[14]. As suas palavras de ordem e resoluções revelam a mesma incompreensão das tarefas do "grandioso movimento político do proletariado".

---

* Ao traduzir Engels, cometi, aqui, um erro na primeira edição, tomando a palavra *Buttermilch* [leitelho, em alemão (N. E.)] não como nome próprio, mas como substantivo comum. Esse erro proporcionou, é claro, grande satisfação aos mencheviques. Koltsov escreveu que eu "tinha aprofundado Engels" (reeditado na compilação *Dois anos*), Plekhánov recorda ainda agora esse erro no *Továrisch* [trata-se do artigo de G. V. Plekhánov "Será isto possível?", *Továrisch*, n. 381, 26 set. (9 de out.) 1907 (N. E. R.)]; numa palavra, encontrou-se um excelente pretexto para escamotear a questão das duas tendências no movimento operário de 1848 na Alemanha, a tendência de Born (semelhante à dos nossos "economistas") e a tendência marxista. Aproveitar os erros do adversário, embora seja apenas na questão do nome de Born, é mais que natural. Mas escamotear com emendas à tradução a essência da questão das duas táticas é fugir da essência da discussão. [Nota à edição de 1907.]

[13] Friedrich Engels, "Para a história da Liga dos Comunistas", em Karl Marx, *Enthüllungen über den Kommunistenprozeß zu Köln*, cit. [ed. port.: *Obras escolhidas em três tomos*, cit.; disponível em: https://www.marxists.org; acesso em: abr. 2022]. O texto de Lênin manteve entre parênteses os termos em alemão. (N. E. R. A.)

[14] Khlestakov, personagem da obra *O inspetor-geral*, do escritor russo Nikolai Gógol. Tipo de gabola desenfreado, mentiroso e aventureiro. (N. E. P.)

APÊNDICE

*Umberto Cerroni**

Duas táticas da social-democracia na revolução democrática foi escrito por Lênin em julho de 1905, a meio caminho entre o Domingo Sangrento de 9 de janeiro e o Manifesto de 17 de outubro, por meio do qual o tsar concedia liberdades políticas e convocava a primeira Duma. Essa indicação esclarece imediatamente quais são os "extremos" políticos entre os quais o autor se encontra: a insurreição popular e o constitucionalismo "outorgado". Afinal, era entre essas duas hipóteses que a própria história da Rússia avançava, e cada uma das importantes forças políticas escolhia seu papel. Qual deveria ser o do movimento socialista? Eis a questão a que Lênin responde, esboçando o quadro da dissidência que dilacera o movimento socialista, dividido já há algum tempo sobre o problema do partido entre mencheviques e bolcheviques.**

Está longe de ser fácil reconstruir os termos da dissidência recolocando--a no contexto histórico em que ocorreu: é mais fácil ouvirmos pesar sobre nossa reconstrução o eco do que aconteceria a seguir: a derrota da primeira Revolução Russa e, em seguida, o colapso político da Primeira Guerra Mundial, a Revolução de Fevereiro e a Revolução de Outubro, a Guerra Civil, a áspera e dramática trajetória da nova Rússia enquanto o mundo mudava de face. Tudo levaria a "ler" as posições bolcheviques como extremistas, voluntaristas, irrealistas, e as posições mencheviques, por outro lado, como moderadas, pragmáticas e realistas. Mas as coisas são mais complexas. Os

---

* Jurista e professor italiano, lecionou na Universidade de Lecce, no Istituto Universitario Orientale, e na Universidade de Roma "La Sapienza". É autor de *Kant e a fundação da categoria jurídica* (1962) e de *Marx e o direito moderno* (1962), entre outros.

** Este texto figura como "Introdução" à edição italiana do texto de Lênin, organizada pelo próprio Umberto Cerroni. Ver *Due tattiche della socialdemocrazia nella rivoluzione democratica* (Roma, Editori Riuniti, 1978), p. 7-18.

bolcheviques não se apresentavam de fato como partidários ou continuadores da ortodoxia socialista marxista, nem os mencheviques se apresentavam como revisionistas e reformistas. Se não nos livrarmos desses clichês que o futuro sobrepôs ao passado, será difícil entender o drama que começava a abalar a Rússia em 1905.

Como mencionei, a cisão dentro do socialismo russo já havia sido determinada pelo problema do partido, no II Congresso do POSDR em 1903. Esse congresso, como se sabe, viu uma clara contraposição entre as teses de Mártov, defensor de um partido "aberto", e de Lênin, defensor de um partido "fechado" e centralizado. Eis uma importante página de Mártov, que assim julgava anos depois aquela ruptura com referência particular às teorias leninistas de *O que fazer?*:

> Neste artigo, sob a forma de uma polêmica rigorosa, Lênin submeteu a teoria e a prática da social-democracia russa a partir do final dos anos 1890 a uma análise crítica e traçou as linhas gerais de uma tática revolucionária e de uma construção do partido no período em que deveria lutar diretamente contra a autocracia. Na parte teórica, o texto de Lênin continha algumas teses, cuja insustentabilidade do ponto de vista do marxismo não poderia escapar a muitos de seus adeptos. Já no segundo congresso do partido, em agosto de 1903, Plekhánov teve de declarar que, para argumentar contra os "economistas", Lênin "havia esticado demais a corda".

De fato, enquanto propagava as circunstâncias específicas do desenvolvimento da social-democracia russa, que se originara nos ambientes da *intelligentsia* burguesa, Lênin avançava na tese de que o curso espontâneo da evolução histórica empurrava o movimento proletário, que nascia no interior do capitalismo, em direção a um sindicalismo de conteúdo burguês, enquanto as ideias do socialismo, que faziam do movimento operário uma força política autônoma, seriam introduzidas nele apenas "vindas de fora", dos ambientes da *intelligentsia*. Na medida em que Lênin descrevia essencialmente o processo histórico, em vez de explicá-lo, e na medida em que ele então ignorava a influência recíproca que existia entre a luta de classes em suas fases mais espontâneas e o movimento das ideias nesses ambientes democrático-revolucionários, que suscitavam novas e fecundas ideias "vindas

APÊNDICE 165

de fora" no movimento proletário, ele construía um esquema que se adapta-
va a sancionar mais adequadamente a política dos sociais-revolucionários do
que a política social-democrata. Mas Lênin, além disso, evitava aprofundar
teoricamente ou reformar o marxismo. Preocupava-se unicamente em motivar a luta conduzida pela minoria social-democrata – o grupo do *Iskra*, que
aspirava a organizar o movimento revolucionário antitsarista segundo um
plano determinado – contra a tendência, que se manifestava entre as massas,
de concentrar-se unicamente na luta pela melhoria de seus salários e por
uma reforma parcial de sua condição"[1].

Lênin, portanto, era considerado tudo menos um marxista ortodoxo
do movimento socialista russo por Mártov e pela ala tradicionalista "europeia", como podemos chamá-la. Essa ala havia crescido na escola ideológica
e política da social-democracia alemã e, surpresa e até indignada com as
"heresias" de Lênin, reagia acusando-o de genuíno revisionismo. Aos olhos
dela, de fato, Lênin sacrificava-se *demais* à originalidade ou, como se dizia
na época, à "excepcionalidade" da Rússia. O próprio Mártov escrevia, a propósito do conceito leninista de partido centralizado e baseado no aparato
dos revolucionários profissionais, estas significativas palavras:

> Nesta rejeição do princípio democrático na organização, ao exprimir a conclu-
> são adquirida pelos fatos, segundo a qual durante a luta clandestina e ilegal era
> impossível inspirar-se na estrutura dos partidos operários da Europa ocidental
> (para os quais se dirigia abertamente o favor dos economistas), esses exageros
> eram até compreensíveis e relativamente inofensivos. No entanto, tornavam-se
> perigosos na medida em que a forma absoluta, pela qual Lênin expunha suas
> teses, permitia tirar conclusões semelhantes para qualquer partido verdadeira-
> mente revolucionário, em todas as situações históricas.[2]

Havia justiça nesse julgamento de Mártov, que prenunciava a ênfase teórica com que a particular experiência histórica do socialismo russo se tornaria
um verdadeiro modelo para o restante do movimento comunista, mas não era

---

[1]   Iuli Mártov e Fiódor Dán, *Storia della socialdemocrazia russa* (Milano, Feltrinelli, 1973), p. 58-9.

[2]   Idem. Escusado será dizer que existe também um problema colateral: o do chamado "fracasso" dos
      partidos sociais-democratas europeus ante a Primeira Guerra Mundial e depois, também, ante o pro-
      blema da transformação da sociedade.

menos certa a ênfase que o próprio Mártov dava da aderência da proposta de Lênin às condições específicas russas. No entanto, o próprio Mártov havia se oposto a essa proposta! Como ele mesmo aponta, lia a proposta de Lênin em uma chave pragmática: deveria servir apenas para motivar a luta contra o economicismo menchevique, dizia. Mas por que Lênin nunca se envolveu nessa luta e por que nunca conseguiu vencê-la? A isso Mártov não pode responder.

Para obter uma resposta, é necessário abandonar a hipótese, muito difundida e demasiadamente superficial, do "voluntarismo pragmático" de Lênin e descer ao laboratório intelectual constituído, por assim dizer, dos primeiros cinco ou seis volumes de suas *Obras completas*, que hoje podemos consultar. É nesse trabalho, realizado nos últimos oito anos do século XIX, mas divulgado em sua totalidade apenas muito tempo depois, que estão as raízes da escolha política, estratégica e tática de Lênin[3]. Aqui, de fato, estão os fundamentos de sua análise específica da Rússia e, note-se imediatamente, de sua polêmica contra a interpretação populista da sociedade russa de então. Em poucas palavras, nesse período, Lênin combate a ideia populista de que a Rússia não poderia transformar-se em uma sociedade capitalista (e de que, de forma mais geral, o diagnóstico da sociedade moderna conduzida por Marx não tem valor algum como modelo teórico) e mostra como, na verdade, a sociedade russa já estava se tornando capitalista. Ao fazer isso, é preciso lembrar que Lênin refuta a teoria populista da "excepcionalidade" da Rússia na história moderna e, ao mesmo tempo, mostrando as formas – "ocultas" sob muitos aspectos – pelas quais a Rússia estava se tornando capitalista, afirma precisamente que o capitalismo russo apresenta formas históricas muito originais, difíceis de detectar sem uma observação teórica aprofundada. Não se tratava apenas do fato de que a corrida à produção pela produção em que a indústria russa já estava mergulhada criava aquele mercado cuja ausência, para os populistas, motivava a impossibilidade do capitalismo na Rússia. Tampouco

---

[3] Ilustrei a análise de Lênin mais detalhadamente no volume *Teoria politica e socialismo* (Roma, Editori Riuniti, 1973) [ed. port.: *Teoria política e socialismo*, Mem Martins, Publicações Europa-América, 1976] e nas introduções às seguintes coleções de escritos de Lênin: *Il romanticismo econômico* (Roma, Editori Riuniti, 1972); *Lo sviluppo del capitalismo* (Roma, Editori Riuniti, 1972); *Scritti economici* (Roma, Editori Riuniti, 1977).

se tratava do fato de que o mar de pobreza nos campo russos, outra causa – para os populistas – que impedia o crescimento do capitalismo, já estivesse profundamente marcado pela diferenciação de classes.

Essas – e outras – características "estruturais" da sociedade russa eram apenas o aspecto mais marcante da operação que Lênin realizou na virada do século. Mais profundamente, ele chegava a esta conclusão: a Rússia já era uma sociedade capitalista (superando, em alguns aspectos, muitos países europeus – dado, por exemplo, o grau de concentração de sua indústria –) e, portanto, assistia a uma rápida entrada da luta dos trabalhadores no cenário, mas ainda assim era uma sociedade capitalista que vivia na casca atrasada de um Estado feudal[4]. Eis aqui, então, a profunda originalidade da Rússia moderna: ali se desenvolvia uma burguesia economicamente robusta, mas "mantida" politicamente pelo estatismo tsarista e, portanto, inclinada à moderação e pouco interessada na revolução "burguesa"; por outro lado, crescia uma classe trabalhadora sociologicamente pequena em relação à camponesa e, ainda assim, já carregada de uma "inevitável" missão histórico-política. Ela deveria substituir a burguesia russa até mesmo... na revolução burguesa, portanto deveria realizar uma revolução socialista completamente atípica em relação aos modelos europeus clássicos, aos quais se referiam os hierarcas do dogmatismo social-democrata[5]. Para estes últimos, a análise de Lênin era completamente incompreensível, firmes como estavam ao modelo tradicional europeu de uma burguesia forte, que coroa sua batalha econômica com a revolução política, e de um proletariado que a ataca justamente nesse terreno para *contrapor* à revolução política (democrática) a revolução social. Raciocinava assim essa ala do socialismo russo que Lênin justamente

---

[4] Uma análise semelhante é desenvolvida também por Trótski, movendo-se no nível de uma cultura menos sensível aos problemas econômicos, mas mais rica em intuições gerais, como se pode ver no belo relato intitulado *1905* (Firenze, La Nuova Italia, 1970). Trótski extrai dela – como se sabe – a estratégia da "revolução permanente", em relação à qual a proposição leninista das "duas fases" é muitas vezes julgada mais "conservadora". Mas também aqui nos perguntamos por que Trótski acaba se juntando ao partido de Lênin em 1917. Por outro lado, deve-se notar que mesmo em Trótski há uma fraqueza gritante, a do – digamos – destino da democracia política no novo Estado socialista. Pesava sobre Trótski, como e talvez até mais do que sobre Lênin, uma visão enfática da democracia soviética.

[5] Ver, neste volume, capítulos 4º e 5º.

define como a ala dos raciocínios mortos[6]. A revolução política é tarefa da burguesia; se ela a faz (não se trata, de fato, de assim conquistar a "democracia burguesa"?), o proletariado não sujará as mãos numa batalha que não é sua e se concentrará em organizar suas batalhas econômicas de classe para preparar a revolução social.

Vista hoje, a posição de Lênin é profundamente diferente tanto da populista quanto da social-democrata tradicional. É tão diferente que é até difícil classificá-la: de fato, os mencheviques muitas vezes atacam Lênin *pela esquerda*, negam até mesmo que ele seja marxista e socialista: de fato, ele não fala em conquistar exatamente o que os socialistas no Ocidente há muito dizem querer destruir? Por sua vez, os populistas (e os herdeiros da revolução social) o acusam de ser marxista *demais*: ele afirma que o capitalismo também pode existir na Rússia e que, para realizar o socialismo, a Rússia também deve visar ao proletariado moderno e não às comunidades camponesas (*mir*). Resumindo, Lênin é talvez o único que vê a "estranha" complexidade do organismo russo: de fato, ele percebe que, apesar de seu grave atraso histórico, a Rússia também está funcionando – de uma forma nacional atípica – de acordo com o esquema socioeconômico que Marx estudou no corpo do capitalismo inglês, e também percebe que, apesar dessa modernidade capitalista da Rússia, ainda é preciso alcançar a modernidade política.

É nesse quadro intelectual que Lênin amadurece uma de suas mais brilhantes intuições, que encontra sua elaboração em *Duas táticas*: aquela que passou à história como a ideia da hegemonia proletária na revolução burguesa[7]; em suma, a ideia de que onde a burguesia nasce tarde e não ganha impulso, sua tarefa histórica é "encurtada" e até desmembrada: precisamente a classe trabalhadora, sua antagonista, assume uma parte dessa tarefa, que é a de destruir qualquer opressão feudal residual, conquistando a liberdade política e a república democrática.

---

[6] É muito significativa a expressão com a qual Trótski abre o seu *1905*, cit., p. 15: "A revolução assassinou a nossa 'originalidade'".

[7] É certamente a essa ideia que Gramsci se refere quando apresenta Lênin como o fundador da teoria da hegemonia. Ver *Il materialismo storico e la filosofia di Benedetto Croce* (Roma, Editori Riuniti, 1977), p. 91-2.

APÊNDICE 169

Note-se: Lênin é o único em seu tempo que vê essa "contaminação" nas tarefas históricas das classes modernas. Há uma causa histórica singular para isso: é de fato o atraso geral da Rússia, que se apresenta burguesa apenas na economia e não na política, que *já* se constitui uma sociedade capitalista enquanto *ainda* permanece um Estado feudal, que sugere a Lênin a necessidade de uma *nova tática* de socialismo, capaz de unir a revolução política com a revolução social. Para Lênin, fica claro que, se a modernização completa da Rússia envolve a transformação socialista, esta não pode prescindir da renovação do Estado. Por isso Lênin é o primeiro na história do socialismo a desenvolver uma forte polêmica – ideal e política – contra todo economicismo, isto é, contra qualquer fechamento dogmático do socialismo dentro das tarefas puramente "de classe" do proletariado moderno.

Duas táticas aparece quando o *Bernstein-Debatte*[8] acaba de se acalmar. Lênin – como sabemos – tomou partido contra o revisionismo de Bernstein. No entanto, ele escolheu outra posição. Ele entendeu que o problema de fundo para um socialista não é defender a ortodoxia, se é que existe uma no marxismo, mas realizar análises coerentes e rigorosas das situações históricas usando o esquema teórico do capitalismo moderno esboçado por Marx. Para a Rússia, Lênin faz tudo isso tão bem que alguns o acusam – como expliquei – de aplicar o marxismo a um corpo histórico preso ao passado feudal e outros de esquecer todos os ensinamentos de Marx. Por mais paradoxal que isso pareça, Lênin registra, assim, no lado mais atrasado da história europeia, não a necessidade de "corrigir" Marx, mas a de superar a letra para chegar ao espírito de *O capital*[9], explicando as formas concretas[10]

---

[8] *Bernstein-Debatte*: debate teórico marxista desencadeado por Eduard Bernstein entre fins do século XIX e início do século XX, que buscou delimitar a atualidade dos prognósticos de Marx. Segundo Bernstein, contrariando a expectativa marxista, a sociedade capitalista não caminhara em direção ao colapso, criando necessidade de novas estratégias políticas. Suas formulações foram questionadas por Karl Kautsky, entre outros autores. (N. E.)

[9] É, de certa forma, a indicação que o próprio Gramsci dá quando fala da Revolução Russa como uma revolução contra *O capital* [ed. bras.: "A revolução contra *O capital*", em Antonio Gramsci, *Odeio os indiferentes*, trad. Daniela Mussi e Alvaro Bianchi, São Paulo, Boitempo, 2020, p. 87-91].

[10] Trata-se das formas nacionais em relação às quais a disposição de Lênin, que certamente não é niilista, parece, no entanto, insuficiente quando comparada à incomparavelmente mais rica apresentada por

em que vivem os organismos nacionais do capitalismo moderno, sob formas diferentes e peculiares. Bernstein registrava o mesmo problema à sua maneira, quando advertia que não se podia lutar contra a nova realidade do capitalismo não oitocentista e do Estado baseado na democracia política e no sufrágio em expansão, tentando traçar neles tudo o que lembrava o passado descrito por Marx. Bernstein observava o mundo a partir do ponto de vista de um capitalismo mais evoluído: impressionava-o o fato de que a burguesia pudesse, agora, tolerar e até mesmo promover o que o movimento socialista considerava "impossível": evitar as crises ou redimensionar suas consequências econômicas e sociais e, sobretudo, corrigir o velho classismo, que confiava a decisão política a um corpo eleitoral e a um corpo eletivo muito estrito e com forte característica de classe. Bernstein concluiu que a democracia política abria espaços anteriormente "impossíveis" e impedia, portanto, qualquer real "luta de classes" pela transformação completa e global da sociedade. Ele via o grande problema de um encontro entre o movimento operário e a democracia política e enterrava, digamos assim, a contradição econômica moderna[11]. Lênin chegou, pelos caminhos inusitados da velha Rússia, à mesma conclusão sobre a necessidade desse encontro, precisamente para desenvolver tal contradição até o fim. Nenhum dos dois, porém, tinha plena clareza teórica do grande problema que constituiria o drama do socialismo no século XX, dividindo-o em duas ramificações opostas.

No que diz respeito a Lênin, sua limitação foi justamente não desenvolver coerentemente seu discurso sobre a peculiaridade russa do objeto histórico

---

Gramsci nos *Cadernos*. [ed. bras.: *Cadernos do cárcere*, trad. Carlos Nelson Coutinho, Rio de Janeiro, Civilização Brasileira, 1999-2002]

[11] Ver Eduard Bernstein, *I presupposti del socialismo e i compiti della socialdemocrazia* (Bari, Laterza, 1968). De modo geral, o "revisionismo" de Bernstein foi essencialmente reconstruído do ponto de vista econômico; menos atenção foi dada à sua reflexão sobre a ligação entre democracia política e socialismo. A esse respeito, ver o capítulo "Democracia e Socialismo" do volume citado [ed. bras.: *Socialismo evolucionário*, trad. Manuel Teles, Rio de Janeiro, Zahar, 1997, p. 109-26] e compará-lo com o comentário de A. Meyer, *Il leninismo* (Milano, Comunità, 1965), p. 74-5. Meyer observa precisamente que Bernstein intuiu o "caráter ambíguo da democracia": algo que também retorna a Lênin quando ele reflete sobre as possibilidades que a democracia abre para a transformação socialista (ver tanto os escritos de 1905 quanto *O Estado e a revolução: a doutrina do marxismo sobre o Estado e as tarefas do proletariado na revolução*, trad. Edições Avante!, São Paulo, Boitempo, 2017).

APÊNDICE 171

que desejava mudar. Mártov estava certo quando suspeitou que Lênin estivesse fazendo extrapolações muito arbitrárias de sua tática russa[12]. É verdade que na Rússia era impossível inspirar-se na estrutura partidária da Europa ocidental e que seria preciso criar um partido de vanguarda que "iluminasse" de fora, e também do alto, o cenário histórico de um capitalismo tão "estranho" que poucos conseguiam "ver", no qual tanto os protagonistas sociais (a burguesia e o proletariado) fossem de fato uma minoria e em que, inclusive, o Estado estivesse preso às formas feudais. Mas isso acarretava um corolário logicamente irrepreensível: partidos desse tipo na Europa ocidental não podiam "realizar" o que realizavam na Rússia[13]. Mas Gramsci compreenderá isso meditando sobre outro capitalismo "estranho", no qual o Estado nacional burguês só venceria muitos séculos depois de ter sido... teorizado por Maquiavel.

Voltemos a *Duas táticas*. Já mencionei sua genialidade. Onde está, então, o seu limite? Essencialmente no fato de que, dentro de toda a história retrógrada da Rússia, o vínculo entre a democracia política e o socialismo poderia ser vislumbrado pelo político de gênio, mas – na ausência do "longo campo" de uma teoria coerente do Estado – esse vínculo só poderia surgir como uma nova tática, em oposição à velha tática do movimento operário.

As palavras sempre têm um sentido. O limite de *Duas táticas da social-democracia na revolução democrática* fica evidente no próprio título da obra. De fato, Lênin pensa, sim, ao contrário de muitos socialistas tradicionalistas, que a classe trabalhadora russa não pode "deixar" que burguesia faça a revolução democrática, mas também pensa que tudo isso seja "conveniente"

---

[12] Gostaria de mencionar, aqui, um problema teórico muito importante: Lênin resolve todo o complexo nó democracia política *versus* socialismo na alternativa: conquista do poder ou integração política. Compreende-se, assim, a importância decisiva que ele dá ao tema da insurreição e da ditadura do proletariado. Ao fazê-lo, ele rebaixa suas outras intuições sobre a "persistência" da democracia política como um método essencial de construção livre das instituições do novo Estado. Lembre-se que em *O Estado e a revolução*, Lênin diz abertamente que no Estado socialista as instituições representativas permanecem, enquanto o parlamentarismo deve desaparecer: isso significará que o método de construção das instituições representativas poderá prescindir do sufrágio universal e, portanto, da consequente igualdade formal de direitos e liberdades. Há passagens em que Lênin exclui isso. Mas sua prática russa, por outro lado, o convalida.

[13] Os partidos de massa comunistas do Ocidente não se parecem mais com o modelo de Mártov do que com o modelo de Lênin?

para que o movimento operário acelere o processo histórico geral que fará avançar a "segunda fase": a da revolução socialista. Mas o que acontecerá à democracia política nessa nova fase? Lênin não tem ideias claras sobre isso. Confirma-se na ideia de que o socialismo será uma democracia mais avançada porque será uma democracia social (uma social-democracia como se dizia então, sem conotações negativas). Mas ela não deverá ter também um *método* político, uma democracia-método com o qual construir as instituições do novo Estado? Lênin não reflete sobre isso nesse momento. No entanto, tais questões o assediarão em 1917, quando, entre fevereiro e outubro, ele testará alternativamente tanto a perspectiva de um "desenvolvimento pacífico" da revolução quanto – encurralado – a perspectiva de ocupar o vazio político a que a fraca burguesia democrata foi submetida na Rússia entre a tragédia da guerra e a da fome.

Mas não há em Lênin a ideia dos sovietes e de uma "democracia soviética"? Entretanto, em 1905 esse tema não era central em Lênin, e está provado que o primeiro soviete foi organizado pelos mencheviques. Em segundo lugar, é a própria ideia dos sovietes que, por assim dizer, "turva as águas" da análise teórica. Se de fato fosse necessário desenvolver coerentemente a conexão orgânica entre liberdades políticas e socialismo, seria necessário concluir que os sovietes não podem *substituir* a representação geral e o sufrágio universal sem questionar a igualdade de direitos e de liberdade de todos. E, se, então, se quisesse sublinhar a indubitável novidade dos sovietes como órgãos de democracia direta, seria necessário abrir o grande problema de saber se uma democracia direta poderia realmente nascer sem que nascesse também a democracia formal, isto é, representativa. O problema é tão pertinente que, por um lado, a democracia dos sovietes foi significativamente corrigida na continuação da história constitucional soviética, precisamente com a reintrodução da representação geral e indireta e com a introdução do sufrágio universal[14]. Mas, nesse ínterim – sabemos –,

---

[14] O sufrágio universal foi introduzido pela Constituição soviética de 1936 com Stalin. Não é significativo que essa importante inovação, que incorpora um princípio anteriormente definido como "burguês", ocorra contemporaneamente a um processo de endurecimento das funções políticas e legislativas dos sovietes?

a "lacuna" constituída pela ausência ou fragilidade das estruturas formais do Estado e do Direito emergia em toda a sua trágica significação. Mas isso pertence à história das assim chamadas violações da legalidade socialista.

A conclusão que eu gostaria de registrar não é realmente a de que *Duas táticas* seja uma obra ultrapassada, mas a de que, ao contrário, como sempre acontece, ela não fala por si só: é preciso fazê-la falar, contextualizando-a não apenas em seu tempo e espaço, mas, sobretudo, no laboratório histórico-teórico do qual toma emprestado, como toda obra política, sua novidade e seus limites. Para tempos diversos e espaços diferentes são necessários outros laboratórios: é preciso – como nos tempos de Lênin – não apenas "aplicar" o pensamento de alguém, mas sim pensar.

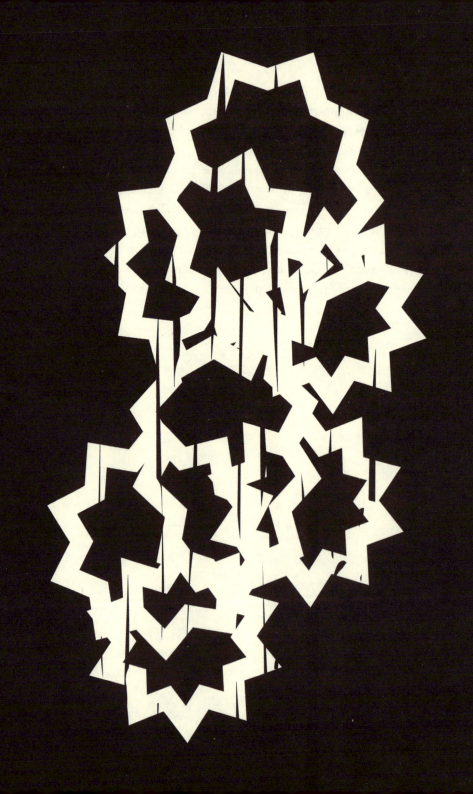

ÍNDICE REMISSIVO[1]

Personalidades

Akímov (Makhnóvets, Vladímir Petróvitch) (1875-1921): social-democrata russo, menchevique, revisionista declarado. Por volta de 1900, juntou-se ao grupo dos economistas. p. 84, 141.

Arnim-Suckow, Heinrich Alexander (1798-1861): barão e diplomata prussiano, defendeu a dominação da monarquia prussiana na Alemanha. Foi ministro dos negócios estrangeiros do governo Camphausen. p. 156.

Bebel, August (1840-1913): um dos fundadores da social-democracia alemã e uma das personalidades mais destacadas do movimento operário internacional. Foi contra o reformismo e o revisionismo. p. 83.

Bernstein, Eduard (1850-1932): dirigente da ala revisionista da social-democracia alemã e da Segunda Internacional, negava a teoria da luta de classes e a inevitabilidade da queda do capitalismo, da revolução socialista e da ditadura do proletariado. p. 28, 169-70.

Bismarck, Otto Eduard Leopold (1815-1898): estadista e diplomata da Prússia e, depois, primeiro chanceler do Império alemão. Conduziu à força a unificação da Alemanha sob a supremacia da Prússia. p. 150.

Blanc, Louis (1811-1882): socialista pequeno-burguês francês, historiador. Um dos fundadores do oportunismo e do reformismo no movimento operário. p. 161.

Bobbio, Norberto (1909-2004): filósofo, cientista político, escritor e senador italiano. p. 9.

Born, Stephan (Buttermilch, Simon) (1824-1898): pioneiro político socialista alemão, fundou a Fraternidade Operária, primeira organização suprarregional dos trabalhadores de seu país. Depois de 1848, viveu exilado na Suíça, onde se tornou professor. p. 159, 161-2.

---

[1] Os verbetes a seguir foram, em parte, adaptados de Vladímir Ilitch Lênin, *Obras escolhidas*, (Lisboa, Avante!, 1977), t. I, p. 381-472 e *Obras completas* (Moscou, Издательство Политической Литературы/Izdátelstvo Polítítcheskoi Literatúry, 1963), t. XI, p. 1-131.

176 DUAS TÁTICAS DA SOCIAL-DEMOCRACIA NA REVOLUÇÃO DEMOCRÁTICA

Brentano, Lujo (1844-1931): economista burguês alemão, partidário do "socialismo de cátedra", pregava a renúncia à luta de classes e a possibilidade, por meio da organização de sindicatos reformistas e da legislação fabril, de resolver as contradições na sociedade capitalista e conciliar os interesses dos operários com os dos capitalistas. p. 142-3.

Bulíguin, Alexandr Grigórievitch (1851-1919): estadista da Rússia tsarista e latifundiário. Foi encarregado pelo tsar de convocar uma Duma consultiva em 1905 para debilitar o ascenso revolucionário. p. 73, 77, 79-80.

Camphausen, Ludolf Gottfried (1803-1890): banqueiro alemão e dirigente da burguesia liberal renana. Entre março e junho de 1848, encabeçou o Conselho de Ministros da Prússia. p. 154, 156-7.

Clausewitz, Carl Philipp Gottlieb von (1780-1831): general e teórico militar prussiano, autor do clássico *Da guerra*. p. 9.

Engels, Friedrich (1820-1925): um dos fundadores do socialismo científico, ao lado de Marx, seu amigo e companheiro de luta, com quem elaborou a teoria do materialismo dialético e histórico. p. 80, 100, 105-6, 116, 144-5, 155, 159-62.

Feuerbach, Ludwig Andreas (1804-1872): filósofo materialista e ateísta alemão. O materialismo de Feuerbach foi uma das fontes teóricas da filosofia marxista, que, no entanto, o criticou por seu caráter limitado e contemplativo. p. 58.

Gapone, Gueórgui Appolónovitch (1870-1906): sacerdote, conduziu o desfile dos operários de São Petersburgo com uma petição ao tsar. p. 71.

Gierke, Julius (Rudolf Eduard) (1807-1855): jurista, parlamentar e, em 1848, ministro da Agricultura alemão. p. 157.

Gógol, Nikolai Vassílievitch (1809-1852): escritor russo, autor de *O nariz* e *O capote*. p. 162.

Gramsci, Antonio (1891-1937): pensador italiano e cofundador do Partido Comunista de seu país. Seus trabalhos versam sobre cultura e lideranças políticas, entre outros temas. p. 9, 13, 21-2, 168-71.

Gredéskul, Nikolai Andréievitch (1865-1841): jurista e publicista de orientação constitucionalista-democrata. Foi preso em 1905 e, em 1906, deportado por publicar artigos contra o governo. p. 148.

Griboiédov, Aleksandr Serguéievitch (1795-1829): dramaturgo, compositor e diplomata russo. p. 81.

Gruppi, Luciano (1920-2003): militante e dirigente político comunista italiano, teórico marxista. p. 14.

Hansemann, David Justus (1790-1864): político e grande capitalista da Prússia, dirigente da burguesia liberal. Ministro das Finanças da Prússia entre março e setembro de 1848, defendia uma política de aliança com a reação. p. 156-7.

ÍNDICE REMISSIVO 177

Harcourt, William George Granville Vernon (1827-1904): estadista inglês liberal, ocupou diversos cargos. Foi dirigente do Partido Liberal. p. 150.

Herzen, Aleksandr Ivanovitch (1812-1870): pensador e escritor do movimento revolucionário pré-marxista na Rússia, defendia a ideia da comuna agrária. p. 27.

Herzenstein, Mikhaíl Iákovlevitch (1859-1906): economista e deputado russo, foi um dos dirigentes dos constitucionalistas-democratas e seu teórico para questões agrárias. Foi morto pelos Cem-negros na Finlândia. p. 157.

Jaurès, Jean (1859-1914): historiador e diretor do jornal *L'Humanité*. Destacada personalidade do movimento socialista francês e internacional, tinha posições antimilitaristas e reformistas. p. 120.

Jordánia, Noé (1870-1953): social-democrata menchevique. Foi um dos dirigentes dos mencheviques caucasianos e, durante o período de reação (1907-1910), defendeu, como liquidacionista, uma conciliação com a burguesia e o fim das atividades revolucionárias. p. 48.

Kablukov, Nikolai Alexéievitch (1849-1919): economista e estatístico, buscou fundamentar a teoria da "estabilidade" da pequena economia camponesa, que idealizava a comunidade e preconizava a paz entre as classes. p. 157.

Kanitz, August Wilhelm Karl, conde de (1783-1852): general prussiano, representante da nobreza e da burocracia. Foi ministro da Guerra no governo de Camphausen. p. 156.

Kautsky, Karl (1854-1938): um dos dirigentes e teóricos da social-democracia alemã e da Segunda Internacional. Inicialmente marxista, aproximou-se do revisionismo. p. 83, 130, 169.

Koltsov, D. (Guínsburg, Boris Abrámovitch) (1863-11920): social-democrata russo. Menchevique, colaborou em várias publicações dessa orientação. p. 162.

Krausz, Tamás (1948-): historiador e professor húngaro, intérprete da obra de Lênin. p. 11.

Kritchévski, Borís Naúmovitch (1866-1919): social-democrata e publicista russo, defendia o economismo. Foi redator da revista *Rabótcheie Dielo*. Depois do II Congresso do POSDR, abandonou o movimento social-democrata. p. 84.

Leão XIII, Papa (Vincenzo Gioacchino Raffaele Luigi Pecci) (1810-1903): conhecido como "papa das encíclicas sociais", que se manifestam a favor do direito de formação de sindicatos, mas contra o socialismo e a violação da propriedade privada. p. 150.

Liebknecht, Wilhelm (1826-1900): personalidade eminente do movimento operário alemão e internacional, um dos fundadores e dirigentes do Partido Social-Democrata Alemão. Diretor do *Vorwärts*, foi criticado por sua posição conciliadora. p. 83.

178 DUAS TÁTICAS DA SOCIAL-DEMOCRACIA NA REVOLUÇÃO DEMOCRÁTICA

Manuílov, Aíexandr Apollónovitch (1861-1929): economista e constitucionalista-
-democrata russo, reitor da Universidade de Moscou de 1905 a 1911. p. 157.

Maquiavel, Nicolau (1469-1527): filósofo e político ítalo-florentino. Sua obra é considerada um pilar da teoria política moderna. p. 171.

Martínov (Píkker), Alexandr Samóilovitch (1865-1935): ideólogo do "economismo", reavaliou suas opiniões e, em 1923, entrou para o Partido Comunista da União Soviética. p. 42, 45, 47, 56, 84, 91, 94-5, 97, 101, 119, 129-30, 144-6, 151-3.

Mártov, L. (Tsenderbaum, Iuli Ossípovitch) (1873-1923): social-democrata russo. No II Congresso do POSDR, encabeçou a minoria e, depois, foi um dos dirigentes dos mencheviques. p. 29, 97, 164-6, 171.

Marx, Karl Heinrich (1818-1883): pensador, iniciador do socialismo científico ao lado de Engels. Criou a teoria do materialismo dialético e histórico, em uma virada revolucionária da filosofia. p. 9, 11, 19, 46, 58, 73-4, 80, 99, 106-7, 118, 134, 144-5, 150, 153-62, 166, 168-70.

Mehring, Franz (1846-1919): filósofo, historiador, jornalista político e crítico literário, destacou-se no movimento operário da Alemanha. p. 74, 153-4, 159, 161.

Millerand, Aléxandre Étienne (1859-1943): líder do movimento socialista francês, participou, no entanto, do governo burguês de Waldeck-Rousseau. Expulso em 1904 do Partido Socialista, ajudou a fundar o partido dos "socialistas independentes". De 1920 a 1924, foi presidente da República. p. 129.

Moll, Joseph (1812-1849): relojoeiro de Colônia, membro do Comitê Central da Liga dos Comunistas e presidente da Associação dos Operários de Colônia. Participou de um levante democrático e morreu em combate com as forças prussianas. p. 159.

Nadiéjdin, L. (Zelénski, Evguéni Óssipovitch*)* (1877-1905): social-democrata russo, apoiou os "economistas" e defendeu o terror para "despertar as massas"; colaborou em publicações mencheviques. p. 88.

Nicolau II (Románov) (1868-1918): último tsar, reinou de 1894 a 1917. p. 74, 80, 149.

Petrunkévitch, Ivan Ilitch (1844-1928): latifundiário, dirigente dos *zemstvos* e do Partido Constitucional-Democrata. p. 74, 141, 157.

Plekhánov, Gueorgui Valentínovitch (1856-1918): personalidade do movimento operário russo e internacional. Depois do II Congresso do POSDR, defendeu a conciliação com a burguesia e foi menchevique. Lênin concordava com suas posições em fins do século XIX e início do século XX. p. 139, 145, 160, 162, 164.

Prokopóvitch, Serguéi Nikoláievitch (1871-1955): economista e publicista russo, representante do "economismo" e defensor do bernsteinianismo. p. 142.

ÍNDICE REMISSIVO   179

Proudhon, Pierre-Joseph (1809-1865): publicista, economista e sociólogo francês, foi um dos fundadores do anarquismo. p. 161.

Renan, Joseph-Ernest (1823-1892): escritor, filólogo, professor e historiador francês. Escreveu a *Vida de Jesus*. Inimigo declarado da Comuna de Paris. p. 162.

Róditchev, Fiódor Izmaílovitch (1853-1932): jurista russo, um dos dirigentes do Partido Constitucional-Democrata. p. 141, 157.

Rousseau, Jean-Jacques (1712-1778): pensador e teórico político suíço, um dos ícones do Iluminismo francês. Sua teoria da liberdade inerente à natureza humana inspirou movimentos liberais, marxistas e anarquistas. p. 27.

Schapper, Karl (1813-1870): membro do Comitê Central da Liga dos Comunistas em 1849. Participou de um movimento contra Marx, mas depois reverteu sua posição. p. 159.

Schwerin, Maximilian Heinrich Karl Anton Kurt von, conde (1804-1872): político prussiano, representante da nobreza e da burocracia. Em 1848, participou do governo Camphausen. p. 156.

Starover, (Potriéssov, Alexandr Nikoláevitch) (1869-1934): revolucionário russo, participou da criação do *Iskra*; a partir de 1903, tornou-se um dirigente menchevique. p. 75, 84, 111-2, 139, 147.

Struve, Piotr Berngárdovitch (1870-1944): economista, historiador e jornalista russo. Dirigente dos Kadetes e teórico do "marxismo legal" – teoria que colheu de Marx apenas o argumento da queda necessária do feudalismo e sua substituição pelo capitalismo. p. 29, 42, 68, 73, 79, 83-91, 93-4, 117-8, 120, 141, 147, 149-51.

Tchékhov, Anton Pávilovitch (1860-1904): médico, professor e escritor russo, considerado um clássico da literatura mundial. p. 68.

Thiers, Louis-Adolphe (1797-1877): historiador e estadista burguês francês, presidente da República de 1871 a 1873; um dos principais organizadores do esmagamento da Comuna de Paris. p. 150.

Trótski, Leon (1879-1940): político, militante, escritor e filósofo russo. p. 30, 80, 167-8.

Trubetskói, Evguéni Nikoláievtch (1863-1920): príncipe, representante do liberalismo burguês russo, filósofo idealista e constitucional-democrata. p. 141, 157.

Turati, Filippo (1857-1932): um dos fundadores do Partido Socialista Italiano, dirigente de sua ala reformista. p. 95, 106.

Varlin, Louis Eugène (1839-1871): revolucionário francês, personalidade eminente da Comuna de Paris. Foi um dos organizadores e dirigentes das seções da Primeira Internacional em Paris. Fuzilado pelos versalheses. p. 129.

180 DUAS TÁTICAS DA SOCIAL-DEMOCRACIA NA REVOLUÇÃO DEMOCRÁTICA

Zetkin, Clara (1857-1933): uma das fundadoras do Partido Comunista Alemão, teórica do comunismo e defensora dos direitos das mulheres. p. 83.

Periódicos

Credo: manifesto "economista" escrito em 1899 por Ekaterina Kuskova e Serguei Prokópovitch, entre outros. p. 117, 143.

L'Humanité (*A Humanidade*): jornal diário fundado em 1904 por Jaurès como órgão do Partido Socialista Francês. Em 1905, o jornal saudou a revolução que se iniciara na Rússia. p. 120.

Iskra (*A Centelha*): primeiro jornal clandestino da Rússia, fundado em 1900. Foi decisivo na criação do partido revolucionário da classe operária. A partir do n. 53, os mencheviques convertem o *Iskra* em seu próprio órgão, conhecido como novo *Iskra*. p. 29-30, 42, 48, 62, 70, 76, 78, 80-1, 84, 86, 97-8, 103, 106, 110, 115, 119, 122, 127-8, 130-1, 137, 139, 141, 144-6, 152-4, 162, 165.

Jornal de Frankfurt: publicação burguesa que defendia os interesses do grande capital financeiro na Alemanha. O jornal foi publicado com esste nome em Frankfurt de 1856 a 1943. p. 90.

Moskóvskie Viédomosti (*Notícias de Moscou*): jornal editado pela Universidade de Moscou desde 1756. Sob direção de Mikhaíl Katkov, o jornal tornou-se radicalmente reacionário e passou a defender o nacionalismo monárquico, os latifundiários e o clero. A partir de 1905, tornou-se o órgão dos Cem-negros. Foi encerrado em 1917. p. 151.

Náchi Dni (*Nossos Dias*): diário de orientação liberal. Foi editado em São Petersburgo de 18 (31) de dezembro de 1904 a 5 (18) de fevereiro de 1905. Em 7 (20) de dezembro de 1905, a edição do jornal foi reiniciada, mas saíram apenas dois números. p. 66.

Nacha Jizn (*Nossa Vida*): diário de orientação liberal publicado em São Petersburgo, com interrupções, de 6 (19) de novembro de 1904 a 11 (24) de julho de 1906. p. 66.

Nova Gazeta Renana: Órgão da Democracia: publicado em Colônia, o jornal tinha Marx e Engels entre os redatores. Defendia os interesses da democracia revolucionária e do proletariado e, por isso, foi perseguido. Saiu entre 1º de junho de 1848 e 9 de maio de 1849. p. 46, 73, 153-7, 159-60.

Osvobojdiénie (*Libertação/Emancipação*): revista quinzenal publicada no estrangeiro, era um órgão da burguesia liberal russa e seguia de modo consequente o liberalismo monárquico moderado. Dirigida por Struve, saiu de 18 de junho (1º de julho) de 1902 até 5 (18) de outubro de 1905. p. 29, 31, 33-4, 38, 42, 46, 66-7, 78, 83-4, 90, 110, 120, 128, 137-9, 141, 143, 149-50.

ÍNDICE REMISSIVO   181

Prolietári (*O Proletário*): jornal bolchevique, clandestino e órgão central do POSDR, criado de acordo com a resolução do III Congresso do Partido. Lênin foi nomeado um dos redatores. O jornal editou-se em Genebra de 14 (27) de maio a 12 (25) de novembro de 1905. Saíram 26 números. Sucedeu o *Vperiod*. p. 27, 34, 50, 74, 94, 112, 116, 143, 145-6, 153.

Rassvet (*Alvorecer*): jornal social-democrata para religiosos, iniciado por decisão do II Congresso do Partido. Foi publicado durante o ano de 1904. Saíram nove edições. p. 143.

Rabótcheie Dielo (*A Causa Operária*): órgão dos economistas no exterior, defendia a palavra de ordem bernsteiniana de "liberdade de crítica" ao marxismo. A revista foi editada em Genebra de 1899 a 1902. Saíram, ao todo, doze números. p. 84, 88, 138.

Rabótchaia Misl (*Pensamento Operário*): órgão dos economistas. Saiu de outubro de 1897 a dezembro de 1902. p. 79, 117.

Rússkaia Stariná (*A Antiguidade Russa*): revista de história que publicava memórias, diários, notas e cartas de personalidades estatais da Rússia. Circulou mensalmente em São Petersburgo de 1870 a 1918. p. 57.

Vperiod: jornal bolchevique, foi editado em Genebra de janeiro a maio de 1905, quando foi sucedido pelo *Prolietári*. p. 12, 50, 70-1, 74, 84, 97-8, 101-2, 106, 115, 146, 153.

Rússkie Viédomosti (*Notícias da Rússia*): jornal dos latifundiários liberais e da burguesia, publicado em Moscou a partir de 1863. Em 1905, tornou-se o órgão da ala direita dos constitucionalistas-democratas. p. 66.

Sin Otétchestva (*Filho da Pátria*): diário de orientação liberal cujos colaboradores eram adeptos da Osvobojdiénie e populistas de diversos matizes. Editou-se em São Petersburgo de 1856 a 1900 e a partir de 18 de novembro (1º de dezembro) de 1904. p. 66.

Sotsial-Demokrat: jornal menchevique de Tiblíssi, era dirigido pelo chefe dos mencheviques georgianos, Noé Jordánia. Saiu de 7 (20) abril a 13 (26) de novembro de 1905. Ao todo, saíram seis números. p. 48, 76-9, 81.

Továrisch (*Camarada*): jornal diário burguês. Formalmente, o jornal não era órgão de partido algum, mas, de fato, era órgão dos constitucionalistas-democratas de esquerda. Publicou-se em São Petersburgo de 15 (28) de março de 1906 a 30 de dezembro de 1907 (12 de janeiro de 1908). p. 162.

União Operária de Colônia: jornal dirigido por membros da Liga dos Comunistas, esclarecia a atividade da União Operária de Colônia e de outras uniões operárias da província da Renânia. Publicou-se de abril a outubro de 1848. p. 159.

Grupos, instituições, tendências e encontros políticos

Akimovismo: tendência que recebe o nome de Vladímir Akímov, eminente representante do "economismo". p. 29.

Cem-negros: bandos monárquicos criados pela polícia tsarista para lutar contra o movimento revolucionário. Assassinavam revolucionários, atacavam intelectuais progressistas e organizavam pogroms contra os judeus. p. 49, 89, 109.

Chipovismo/chipovista: Lênin chama constituição "chipovista" ao projeto de sistema estatal elaborado por Dimitri N. Chípov, que propunha a criação de um órgão representativo consultivo junto do tsar, que permitiria contornar as massas populares, conservar a monarquia e ao mesmo tempo favorecer os *zemstvos*. p. 50, 68, 73, 118, 147.

Comissão Bulíguin: conferência especial convocada segundo o decreto do tsar de 18 de fevereiro (3 de março) de 1905, sob a presidência do ministro do Interior, Alexandr Bulíguin. Fizeram parte dela latifundiários e representantes da nobreza reacionária. A conferência preparou a lei sobre a convocação da Duma de Estado. p. 33, 80.

Duma: conselho legislativo convocado por Nicolau II para atender aos manifestantes que clamavam contra o regime tsarista. p. 77, 163

Liga dos Comunistas: primeira organização comunista internacional do proletariado, existiu de inícios de 1847 a 17 de novembro de 1852. Marx e Engels entraram na organização, participaram de sua reestruturação e elaboraram seu programa. p. 145, 161-2.

Economismo: tendência que considerava a luta política uma causa da burguesia liberal e negava o papel político independente do proletariado e a necessidade de um partido político da classe trabalhadora. p. 29, 47, 68-9, 79-80, 83, 101, 117, 125, 130-1, 145, 162.

Hirsch-Duncker, Sindicatos: organizações sindicais alemãs que defendiam a harmonia entre trabalho e capital. p. 142

Millerandismo: corrente que recebeu o nome do socialista francês Étienne Alexandre Millerand, que compôs o governo burguês da França de 1899 – expressão clara da política de colaboração de classes dos líderes da social-democracia com a burguesia. p. 42, 95.

Narodinismo: movimento socialista do século XIX na Rússia que acreditava que a agitação do campesinato levaria à queda do regime tsarista. Como a Rússia era majoritariamente rural e os camponeses representavam a maioria do povo, o movimento também ficou conhecido por "populismo". p. 27.

Partido Constitucional-Democrata (*Kadetes*): principal partido da burguesia monárquico-liberal da Rússia, criado em outubro de 1905. Era composto de representantes da burguesia e figuras do *zemstvo* de latifundiários e da *intelligentsia* burguesa. p. 33.

Parlamento de Frankfurt: Assembleia Nacional de toda a Alemanha, convocada após a Revolução de Março de 1848. Sua tarefa seria acabar com o fracionamento político e elaborar uma Constituição para todo o país. Porém a Assembleia hesitou em tomar o poder supremo. Foi dispersa pelas tropas do governo de Württemberg em junho de 1849. p. 46, 87.

Socialistas-revolucionários: partido surgido da união de distintos grupos e círculos populistas. Não viam diferenças de classes entre o proletariado e os pequenos proprietários, encobriam a estratificação de classe e as contradições internas do campesinato e rejeitavam o papel dirigente do proletariado na revolução. Defenderam a tática do terror individual. p. 30-1, 63, 84, 120, 138, 158.

União de Libertação: organização liberal monárquica, fundada em 1904. A União de Libertação congregava os intelectuais liberais burgueses e alguns representantes "de esquerda" do movimento dos *zemstvos*. p. 60.

União de Emancipação da Rússia: união que propunha, por meio de rebelião armada, convocar uma assembleia constituinte. p. 112-3.

Ziémski Sobor: antiga assembleia de nobres e ricos mercadores, passou a ser reivindicada, a partir de fins do século XIX, pelos populistas e liberais como uma forma de assembleia constituinte. p. 48-9, 77-81.

Zemstvo: forma de administração local sob a égide da nobreza que vigorou nas províncias centrais da Rússia a partir de 1864. Era controlada pelo ministério do Interior. p. 67, 74, 78, 131, 147, 151-2.

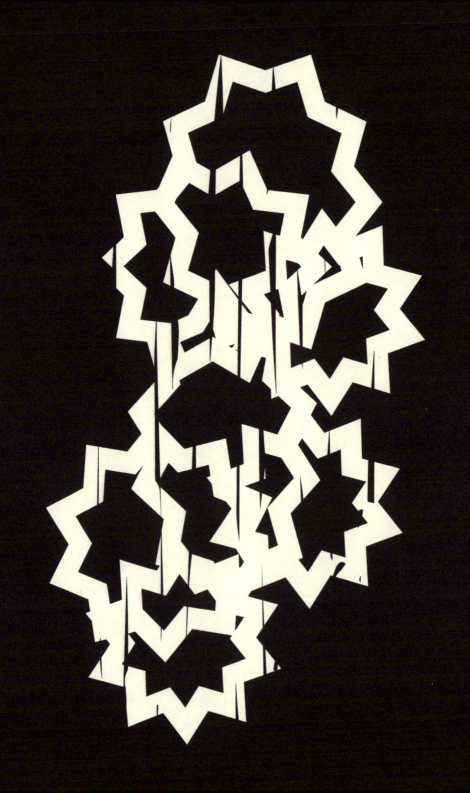

CRONOLOGIA

Ano	Vladímir Ilitch Lênin	Acontecimentos históricos
1870	Nasce, no dia 22 de abril, na cidade de Simbirsk (atual Uliánovsk).	
1871		Em março, é instaurada a Comuna de Paris, brutalmente reprimida em maio.
1872		Primeira edição de *O capital* em russo, com tradução de Mikhail Bakúnin e Nikolai F. Danielson.
1873		Serguei Netcháiev é condenado a vinte anos de trabalho forçado na Sibéria.
1874	Nasce o irmão Dmítri Ilitch Uliánov, em 16 de agosto.	Principal campanha *naródniki* (populista) de "ida ao povo".
1876		Fundação da organização *naródniki* Terra e Liberdade, da qual adviriam diversos marxistas, como Plekhánov.
1877		Marx envia carta ao periódico russo Отечественные Записки/ *Otetchestvênie Zapiski*, em resposta a um artigo publicado por Nikolai Mikhailóvski sobre *O capital*.
1878	Nasce a irmã Maria Ilinítchna Uliánova, em 18 de fevereiro.	Primeira onda de greves operárias em São Petersburgo, que duram até o ano seguinte.
1879		Racha de Terra e Liberdade: a maioria funda A Vontade do Povo, a favor da luta armada. A minoria organiza A Partilha Negra. Nascem Trótski e Stálin.

Ano	Vladímir Ilitch Lênin	Acontecimentos históricos
1881		Assassinato do tsar Aleksandr II no dia 13 de março. Assume Aleksandr III. Marx se corresponde com a revolucionária russa Vera Zássulitch.
1882		Morre Netcháiev. Marx e Engels escrevem prefácio à edição russa do *Manifesto Comunista*.
1883		Fundação da primeira organização marxista russa, Emancipação do Trabalho.
1886	Morre o pai, Ilia Uliánov. Lênin conclui as provas finais do ensino secundário como melhor aluno.	
1887	Aleksandr Uliánov, seu irmão mais velho, é enforcado em São Petersburgo por planejar o assassinato do tsar. Em agosto, Lênin ingressa na Universidade de Kazan. Em dezembro, é preso após se envolver em protestos e expulso da universidade.	
1888	Lê textos de revolucionários russos e começa a estudar direito por conta própria. Inicia primeira leitura minuciosa de *O capital*. Reside em Kazan e Samara.	
1889	Conhece A. P. Skliarenko e participa de seu círculo, a partir do qual entra em contato com o pai de Netcháiev.	Fundada em Paris a Segunda Internacional.
1890	Primeira viagem a São Petersburgo, a fim de prestar exames para a Faculdade de Direito.	
1891	Recebe diploma de primeira classe na Faculdade de Direito da Universidade de São Petersburgo. Participa de "iniciativa civil" contra a fome, em denúncia à hipocrisia das campanhas oficiais.	
1892	Autorizado a trabalhar sob vigilância policial, exerce a advocacia até agosto do ano seguinte no tribunal em Samara.	

CRONOLOGIA 187

Ano	Vladímir Ilitch Lênin	Acontecimentos históricos
1893	Participa de círculos marxistas ilegais, atacando o narodinismo, e leciona sobre as obras de Marx. Muda-se para São Petersburgo, onde integra círculo marxista com Krássin, Rádtchenko, Krjijanóvski, Stárkov, Zapórojets, Váneiev e Sílvin.	
1894	Publica *Quem são os "amigos do povo" e como lutam contra os sociais-democratas?*. Conhece Nadiejda K. Krúpskaia. Encontra os "marxistas legais" Piotr Struve e M. I. Túgan-Baranóvski no salão de Klásson.	Morte de Aleksandr III. Coroado Nicolau II, o último tsar.
1895	Viaja à Suíça, à Alemanha e à França, entre maio e setembro. Conhece sociais-democratas russos exilados, como Plekhánov e o grupo Emancipação do Trabalho. De volta à Rússia, é preso em 8 de dezembro, em razão de seu trabalho com a União de Luta pela Emancipação da Classe Operária, e condenado a catorze meses de confinamento, seguidos de três anos de exílio.	
1896	Prisão solitária.	Nadiejda K. Krúpskaia é presa.
1897	Exílio em Chuchenskoie, na Sibéria.	
1898	Casamento com Krúpskaia no dia 22 de julho, durante o exílio. Em Genebra, o grupo Emancipação do Trabalho publica "As tarefas dos sociais-democratas russos", escrito por Lênin no fim de 1897.	Congresso de fundação do Partido Operário Social-Democrata da Rússia (POSDR), em Minsk, de 13 a 15 de março.
1899	Publicação de seu primeiro livro, *O desenvolvimento do capitalismo na Rússia*, em abril, durante o exílio.	
1900	Com o fim do exílio na Sibéria, instala-se em Pskov. Transfere-se para Munique em setembro.	Publicada a primeira edição do jornal Искра/*Iskra*, redigido no exterior e distribuído clandestinamente na Rússia.
1901	Começa a usar sistematicamente o pseudônimo "Lênin".	
1902	Publica *O que fazer?* em março. Rompe com Struve.	Lançada a Освобождение/ *Osvobojdenie*, periódico liberal encabeçado por Struve.

Ano	Vladímir Ilitch Lênin	Acontecimentos históricos
1903	Instala-se em Londres em abril, após breve residência em Genebra. Publicação de "Aos pobres do campo". Lênin se dissocia do *Iskra*.	II Congresso do POSDR, em Bruxelas e depois em Londres, de 30 de julho a 23 de agosto, no qual se dá a cisão entre bolcheviques e mencheviques.
1904	Abandona Comitê Central do partido. Publicação de *Um passo em frente, dois passos atrás* e do primeiro número do jornal bolchevique Вперёд/*Vperiod*, em Genebra.	Início da Guerra Russo-Japonesa; a Rússia seria derrotada no ano seguinte. Mártov publica "O embate do 'estado de sítio' no POSDR".
1905	Escreve *Duas táticas da social-democracia na revolução democrática* em junho-julho. Chega a São Petersburgo em novembro. Orienta publicação do primeiro jornal diário legal dos bolcheviques, o Новая Жизнь/*Nóvaia Jizn*, publicado entre outubro e dezembro.	Em 22 de janeiro, Domingo Sangrento em São Petersburgo marca início da primeira Revolução Russa. III Congresso do POSDR, de 25 de abril a 10 de maio, ocorre sem a presença dos mencheviques. Motim no encouraçado *Potemkin* em 14 de junho. Surgem os sovietes. Manifesto de Outubro do tsar.
1906	Em maio, faz seu primeiro discurso em comício, em frente ao palácio da condessa Panina.	V Congresso do POSDR em Londres, de 13 de abril a 1º de junho. Convocação da Primeira Duma.
1907		Publicação da obra *Resultados e perspectivas*, na qual Trótski, a partir do balanço da Revolução de 1905, apresenta uma primeira versão da teoria da revolução permanente. Segunda Duma (fevereiro). Nova lei eleitoral (junho). Terceira Duma (novembro).
1908	Escreve *Materialismo e empiriocriticismo*, publicado no ano seguinte. Em dezembro, deixa Genebra e parte para Paris.	
1909	Conhece Inessa Armand na primavera, com quem manteria uma relação próxima.	
1910	Encontra Máksim Górki na Itália. Participa do Congresso de Copenhague da Segunda Internacional. Funda Рабочая Молва/ *Rabótchaia Molva* em novembro e inicia série de artigos sobre Tolstói.	Congresso de Copenhague.

Ano	Vladímir Ilitch Lênin	Acontecimentos históricos
1911	Organiza escola do partido em Longjumeau, perto de Paris.	Assassinato do ministro tsarista Piotr Stolípin, em 18 de setembro.
1912	Instala-se em Cracóvia em junho. Eleito para o Bureau Socialista Internacional. Lança o Правда/*Pravda* em maio, após organização do Comitê Central dos bolcheviques, em Praga, no mês de janeiro.	VI Congresso do Partido em Praga, essencialmente bolchevique. Após anos de repressão, os operários russos retomam as greves. Bolcheviques e mencheviques deixam de pertencer ao mesmo partido. Quarta Duma.
1913	Muda-se para Poronin em maio. Escreve longos comentários ao livro *A acumulação do capital*, de Rosa Luxemburgo. Entre junho e agosto, viaja à Suécia e à Áustria.	
1914	Preso por doze dias no Império Austro-Húngaro após eclosão da Primeira Guerra. Ele e Krúpskaia partem para Berna. Lê e faz anotações sobre a *Ciência da lógica* de Hegel, depois conhecidas como *Cadernos filosóficos*.	Início da Primeira Guerra Mundial. O apoio dos sociais-democratas alemães aos créditos de guerra gera uma cisão no socialismo internacional. Greves gerais em Baku. São Petersburgo é renomeada como Petrogrado.
1915	Participa da Reunião Socialista Internacional em Zimmerwald.	Movimentos grevistas na Rússia ocidental. Reunião socialista internacional em Zimmerwald, na Suíça, em setembro, com lideranças antimilitaristas.
1916	Escreve *Imperialismo, estágio superior do capitalismo*. Comparece à II Conferência de Zimmerwald, em Kienthal (6 a 12 de maio). Morte de sua mãe, Maria Aleksándrovna Uliánova.	Dissolução da Segunda Internacional, após o acirramento do embate entre antimilitaristas e sociais-chauvinistas.
1917	Desembarca na Estação Finlândia, em São Petersburgo, em 16 de abril, e se junta à liderança bolchevique. No dia seguinte, profere as "Teses de abril". Entre agosto e setembro, escreve *O Estado e a revolução*.	Protesto das mulheres no 8 de março deflagra Revolução de Fevereiro, a qual põe abaixo o tsarismo. O Partido Bolchevique passa a denominar-se Partido Comunista. A Revolução de Outubro inicia a implantação do socialismo.

Ano	Vladímir Ilitch Lênin	Acontecimentos históricos
1918	Dissolve a Assembleia Constituinte em janeiro. Publicação de *O Estado e a revolução*. Em 30 de agosto, é ferido em tentativa de assassinato por Dora (Fanni) Kaplan. Institui o "comunismo de guerra".	Assinado o Tratado de Brest-Litovsk em março. Fim da Primeira Guerra Mundial em novembro. Início da guerra civil na Rússia. Trótski organiza o Exército Vermelho, com mais de 4 milhões de combatentes, para enfrentar a reação interna e a invasão por tropas de catorze países.
1919	Abre o I Congresso da Comintern.	Fundação da Internacional Comunista (Comintern). Início da Guerra Polaco-Soviética.
1920	Escreve *Esquerdismo, doença infantil do comunismo*.	II Congresso da Internacional Comunista, de 21 de julho a 6 de agosto. Morre Inessa Armand. Fim da Guerra Polaco-Soviética.
1921	Em 21 de março, assina decreto introduzindo a Nova Política Econômica (NEP).	X Congresso do Partido, de 1º a 18 de março. Marinheiros se revoltam em Kronstadt e são reprimidos pelo governo bolchevique.
1922	No dia 25 de dezembro, dita seu testamento após sofrer dois acidentes vasculares.	Tratado de Criação da União Soviética e Declaração de Criação da URSS. Stálin é apontado secretário-geral do Partido Comunista.
1923	Após um terceiro acidente vascular, fica com restrições de locomoção e fala e sofre de dores intensas.	XII Congresso do Partido, entre 17 e 25 de abril, o primeiro sem a presença de Lênin. Fim dos conflitos da Guerra Civil.
1924	Morre no dia 21 de janeiro. No mesmo ano, é publicado *Lênin: um estudo sobre a unidade de seu pensamento*, de György Lukács.	XIII Congresso do Partido, em janeiro, condena Trótski, que deixa Moscou.

Folha de rosto da primeira edição de
*Duas táticas da social-democracia na revolução
democrática*, impressa em Genebra,
na Suíça, em 1905.

Publicado em junho de 2022, mês em que Lênin escrevia, 117 anos antes, *Duas táticas da social-democracia na revolução democrática*, este livro foi composto em Minion Pro, corpo 11/14,9, e impresso em papel Pólen Soft 80 g/m² pela gráfica Rettec para a Boitempo, com tiragem de 4 mil exemplares.

Instituto do Marxismo-Leninismo/CC/PCUS